STUDIES IN THE ROMANCE LANGUAGES AND LITERATURES

Copyright 1941
By University of North Carolina
Chapel Hill, N. C.

RAETO-ROMANCE BIBLIOGRAPHY

A selected bibliography of works on Raeto-Romance
with special consideration of Romansh

by

M. Elizabeth Maxfield

WHEATON COLLEGE
NORTON MASSACHUSETTS

INTRODUCTION

In the Canton of Graubünden in southeastern Switzerland, forty-five thousand people speak and write Romansh, a direct descendant of the language of the Roman legionaries of the first century. In February 1938, by a vote of the Swiss people, Romansh became the fourth national language of Switzerland.[1] It is probably the most fruitful branch of the Raeto-Romance language group and is, in my opinion, as rich a field for literary and linguistic research as Provençal or Catalan. Surprisingly enough, very few English-speaking scholars have worked in this field.

In reviewing material in the Raeto-Romance field, I found many references that proved to be of little significance, or out of date, in spite of the promise of their titles or previous favorable mention by others. There seemed to be no good general bibliography of the entire field available. I found several of limited scope in the published researches of German, Swiss, and Italian scholars, but most of these are dated before 1910. It has therefore seemed likely that some up-to-date critically selected bibliography of Raeto-Romance, with special consideration of Romansh, would be a valuable aid to future scholars in the field. Such a guide would have saved me several months of introductory non-productive work.

DEFINITION OF TERMS

Since there has often been some confusion in terminology in studies of the Raeto-Romance language group, it seems desirable to say a word about the terms used for the various divisions. The following diagram shows the classification of the Raeto-Romance language group and the terminology and geographical extent of its subdivisions.

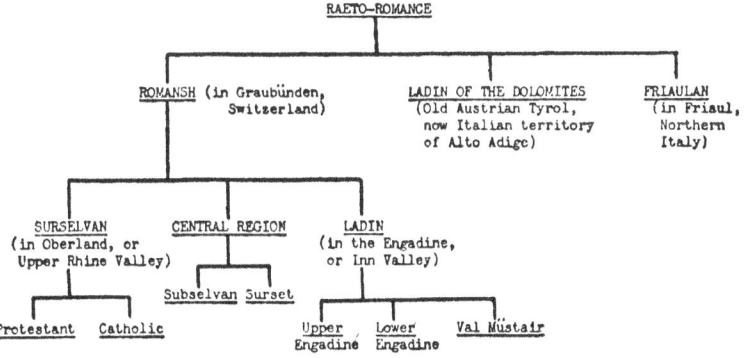

---

[1] Article 116 of the Swiss constitution was changed to read: "German, French, Italian, and Romansh are the national languages of Switzerland. German, French, and Italian are the official languages."

The term *Raetian*[2] is used not only to pertain to the early Raetic tribes or the people of the province of Raetia during the Roman domination, but also as a synonym for *Graubündner*, or more specifically *Romansh of Graubünden*.

SCOPE

The following bibliography is not a complete catalogue of all works on Raeto-Romance history, language, and literature, but is selected and compiled to serve as a guide to the scholar wishing to pursue studies in the field. With a few exceptions, the following types of books or articles have been omitted from the bibliography for obvious reasons:

(1) Out-of-date books and articles
(2) Articles dealing with the Ladin-Italian controversy (often very unscientific and containing heated political feeling)
(3) Articles of propaganda for the fourth language movement
(4) Studies of individual Raeto-Romance dialects
(5) Studies dealing only with Friaulan or Ladin of the Dolomites
(6) Studies dealing with the border regions (Raeto-Lombard and Raeto-Venetian)
(7) Studies of individual Romansh authors
(8) Studies of place names

The following classification indicates the scope of this bibliography and shows that special attention is given to Romansh:

    I Reference books, catalogues encyclopedias, and various bibliographical aids
    II Grammars and dictionaries for the study of Romansh
    III Collections and anthologies of Romansh material, containing good introductions treating of Romansh literature in general
    IV General works about Raeto-Romance language and literature
    V Studies in Raeto-Romance philology and linguistics
      A. Raetic
      B. General studies in Raeto-Romance
      C. Medieval Romansh
      D. Romansh and its relation to its linguistic neighbors, German and Italian
    VI Studies in the history of the Raeto-Romance territory
    VII Studies of the Romansh people and their cultural traditions, including manners, customs, costumes, art, and architecture

---

[2] According to Professor J. Whatmough, of Harvard University, and most German and Swiss scholars in this particular field, the forms *Raetain* and *Raeto*-Romance should be used in preference to *Rhaetain* and *Rhaeto*-Romance in order to keep the authentic original spelling of *Raetia*.

VIII Studies in Romansh folklore
IX Studies in Romansh literature

To supplement the present bibliography for detailed research on some particular phase of Romansh, special note should be made of the various bibliographies and catalogues listed in Section I, as well as the index volume (L) of *Annalas* and indices of various periodicals devoted to Romance philology.

GUIDE FOR USE

All books and articles included have been consulted and appraised by the compiler of this bibliography, with a few very rare exceptions where the authority for inclusion will be cited. The comments are brief, and often the title is considered sufficient explanation in itself.

Most articles will show the name of the periodical, volume number, date of publication, and pages; e.g., (in Annalas XX (1906): 197-218). In some single sheet periodicals, however, no page number is given, the year and number being sufficient identification; e.g., (in Fögl 1927 No. 4.).

The following abbreviations will be used:

Anz.	Anzeiger
Arch.	Archiv, archivo
Bd.	Band
biblio.	bibliography
biblio. No.	number in present biblio.
bl.	blatt
bull.	bulletin
Bünd.	bündner, bündnerisch, etc.
d.	der, des
ed.	edition
engl.	English, englischer, etc.
Fren.	French
f.	für
ff.	following years
Germ.	German, germanische, etc.
hist.	historical
illus.	illustrated, illustrations
ital.	Italian, italienische, etc.
Jahr.	Jahrbuch
Jhrg.	Jahrgang
Journ.	Journal
k.	kaiserliche
lang.	language
lat.	Latin, lateinisch, etc.
ling.	linguistic
lit.	Literature, Litteratur, littérature
mss.	manuscripts
n.d.	no date of publication given
no.	number
n.p.	no place of publication given

pp.	pages
R.R.	Raeto-Romance, rätoromanische, etc.
rev.	Review, revue, revista
rom.	Romance, romanische, romane
Rund.	Rundschau
schweiz.	schweizer, schweizerische, etc.
soc.	Society, société
Spr.	Sprache
trans.	translated, translation, translations
u.	und
vol.	volume
Vul. Lat.	Vulgar Latin
Ztg.	Zeitung
Ztsch.	Zeitschrift
z.	zur

The following special abbreviations will be used for frequently mentioned periodicals:

Annalas	Annalas della Societad Raetoromantscha
Arch. glott. ital.	Archivo glottologico italiano
Fögl	Fögl d'Engiadina
Gaz. Lad.	Gazetta Ladina
Feuille centr. soc. Zof.	Feuille centrale de la société de Zofingue
Ischi	Igl Ischi. Organ della Romania
Monat. Schweiz. Stud.	Monatrosen des Schweizerischen Studentenvereins
N.Z.Z.	Neue Zürcher Zeitung
Rev. lang. rom.	Revue des langues romanes
Rev. ling. rom.	Revue de linguistique romane
Rom.	Romania
Rom. Rev.	Romanic Review
Rom. Forsch.	Romanische Forschungen
Rom. Stud.	Romanische Studien
Vox rom.	Vox romanica
Ztsch. f. rom. phil.	Zeitschrift für romanische Philologie

BIBLIOGRAPHY

I *REFERENCE BOOKS, CATALOGUES, ENCYCLOPEDIAS AND VARIOUS BIBLIOGRAPHICAL AIDS*

Note: There are no theses on any phase of Raeto-Romance listed in American or French compilations of thesis titles up to 1937.

1. *Bibliografia Retoromontscha 1552-1930. Bibliographie des gedruckten bündnerromanischen Schrifttums von den Anfängen bis zum Jahre 1930 herausgegeben von der Ligia Romontscha* (Chur 1938) Excellent biblio. of all existing printed works in Romansh. Shows libraries where each is found.

2. *Bibliographie der deutschen Zeitschriftenliteratur* (Leipzig 1896-1938) Under *Graubünden, Ladino, Rätoromanisch, Romanische Sprache.*

3. *Bibliographischer Anzeiger für romanische Sprachen und Literaturen* (Leipzig 1883-1885) Critical notes on books and articles appearing in these years, under *Ladinisch.*

4. *Bibliographisch-kritischer Anzeiger für romanische Sprachen und Literaturen* (Berlin 1889-1891) Critical notes found under *Ladino* in volumes I, II, and III.

5. Boehmer, Eduard: *Romanische Studien* 6 vol. (Strassburg 1871-1895) Many articles and essays about R.R., as well as reprints of early R.R. writings. Good biblio.

6. ——————: *Verzeichnis rätoromanischer Litteratur* (in Rom. Stud. VI (1895):109-220, 220-239, 335-336) A chronological list of R.R. writings to date 1883. Good list but not complete.

7. Brandin, L. M.: *The Rhaeto-Romance Languages* (in biblio. No. 12, Vol. XIX, p. 245)

8. *Catalogue des écrits académiques suisses* (Basel 1878-1938) Includes 32 theses on R.R. lang. or lit. Mostly ling. and hist. studies.

9. Cornell University: *Catalogue of the Rhaeto-Romanic Collection presented by Willard Fiske to Cornell University Library* (Ithaca 1894) Catalogue of the largest R.R. collection in America, containing 1058 books, pamphlets, and mss. in or about R.R.

10. ——————: *Additions to the Rhaeto-Romanic Collection* (in Cornell University Library Bull. II (Ithaca 1896):235-236) Supplement to the foregoing. 30 new titles.

11. *Enciclopedia italiana di scienze, lettere ed arti* (Milano-Roma 1929-1937) Articles by Carlo Battisti (biblio. No. 80 and No. 261) and by Giacomo Devoto (biblio. No. 206).

12. *Encyclopaedia Britannica* (14th ed. London-New York 1929) Good article by L. M. Brandin (biblio. No. 7)
13. Gadola, Guglielm: *Ein Rundgang durch die romanischen Bibliotheken* (in Monatrosen 1928 No. 12)
14. ――――――――: *Die Buchdruckerei des Klosters Disentis (1685-1799)* (in Bünd. Monatsbl. (1934) :1-21)
15. ――――――――: *Raccolta litterara retoromantscha 1552-1930. Bibliotecas, raritads, stampas, e bibliografia* (in Annalas LI (1937) : 139-176) Careful account of all R.R. collections.
— Gartner, Theodor: *Raetoromanische Grammatik*, see biblio. No. 48.
16. Gröber, Gustav: *Grundriss der romanischen Philologie* (2nd ed. Strassburg 1904-1906) See biblio. No. 141 and No. 269.
17. Hess, J.: *Catalogue d'une riche et précieuse collection de livres rétoromans en vente chez la Librairie J. Hess à Ellwangen* (Ellwangen 1888) Good list of old books in Romansh.
18. *Historisch-biographisches Lexikon der Schweiz* (Neuenburg 1921-1934) Good for geography, history, and especially for biographies of individual Romansh writers and scholars. Very good article *Graubünden* (Bd. III:639-725) with sections on Romansh history, language, literature, periodicals, and folk customs by various well-known authors. Good biblio. for each section. Ling. map p. 721. Color plates of costumes p. 722.
19. *Jahresverzeichnis der an den deutschen Universitäten erschienenen Schriften* (Berlin 1891-1938) Includes 3 theses on R.R. lang.
— Katalog der Kantonsbibliothek (Chur), see biblio. No. 34.
20. Körting, Gustavs *Encyklopädie und Methodologie der romanischen Philologie* (Heilbronn 1884) Bd. III:752-783 Chapter on R.R. Short biblio.
21. ――――――――: *Handbuch der romanischen Philologie* (Leipzig 1896) Good R.R. biblio. p. 621.
22. *Kritischer Jahresbericht über die Fortschritte der romanischen Philologie* Bd. I-XIII (Erlangen 1890-1912) Critical reviews on R.R. works in each vol.
23. Meyer-Lübke, Wilhelm: *Die romanischen Sprachen* (in *Die romanischen Literaturen und Sprachen*, edited by Paul Henneberg (Berlin u. Leipzig 1909) : 447-470) *Rätoromanisch* pp. 451, 469.
24. ――――――――: *Einführung in das Studium der romanischen Sprachwissenschaft* (3rd ed. Heidelberg 1920) Remarks on R.R. pp. 15-17, 23.
25. *Meyers Lexikon* (7th ed. Leipzig 1924-1930) Bd. X:488 Short half column on *Rätoromanisch* and brief biblio.

26. Muoth, J. C.: *Rhaetoromanische Volksliteratur* (Zurich 1883) Short biblio. of R. R. writings. Incomplete.
27. Palfrey, Thomas Rossman: *A bibliographical guide to the Romance languages and literatures, compiled by Thomas Rossman Palfrey*... (Evanston 1939) Does not include R.R. but has an excellent general Romance biblio.
28. *Pro Grischun - Association des amis de la Suisse romanche* (Genève 1937 ff.) Annual report of that society. Contains various articles of interest on Romansh lang., lit., and culture.
29. *Romanische Forschungen: Organ für romanische Sprachen, Volks- und Mittellatein* (Erlangen 1883 ff.) Many articles on separate Romansh dialects, old mss. edited with notes and glossaries, etc. Includes all of Decurtins' *Chrestomathie* (biblio. No. 68).
30. Schneider, Georg: *Handbuch der Bibliographie* (4th ed. Leipzig 1930) p. 344 *Rätoromanen*. Good biblio.
31. Trager, George L.: *On the Classification of Romanic Languages* (in Rom. Rev. XXV (1934) :129-136) Interesting and scholarly article. Good diagram.
32. Varnhagen, Hermann: *Churwälsche Handschriften des British Museum* (in Rom. Stud. IV (1880) :477-479)
33. —————————: *Systematisches Verzeichnis der Programmabhandlungen, Dissertationen und Habilitationschriften aus dem Gebiete der romanischen und englischen Philologie*... (Leipzig 1893) pp. 160-162 *Rhätoromanische*.
34. *Verzeichnis der romanischen Bücher in der Kantonsbibliothek von Graubünden* (Chur 1886, 1901, 1912, 1928, 1932, 1934, 1936) Library catalogues of the largest R.R. collection in existence.

II GRAMMARS AND DICTIONARIES FOR THE STUDY OF ROMANSH

In addition to those given here, there will soon be published a very complete up-to-date Ladin-German dictionary, edited by Dr. R. O. Tönjachen and Dr. R. Bezzola.

Several of the following are out-of-date for modern use but are helpful and sometimes a necessity for the study of old Romansh texts.

35. Andeer, Peter Justus: *Rhaeto-Romanische Elementargrammatik mit besonderer Berücksichtigung des Ladinischen Dialekts im Unterengadin (Dritte Auflage durchgesehen von C. Pult)* (Zurich 1918) Short hist. introduction. Parts out of date.
36. Augustin, Heinrich: *Unterengadinische Syntax mit Berücksichtigung der Dialekte des Oberengadins und Münstertals* (Halle 1903) Detailed study of words, phrases, and sentences. Useful for learning pronunciation because orthography entirely phonetic. Not good to learn to read or write Romansh.

37. Bardola, Christoffel: *Pitschna introducziun a la nouva ortografia ladina ufficiala* (Samaden 1928) Good general rules and exceptions followed by an alphabetical list (pp.12-37) of words for general reference.
38. Cahannes, Gion: *Grammatica romontscha per Surselva e Sutselva* (Mustér Condrau 1924) Well-organized grammar with exercises and readings. Appendix contains a few hist. notes.
39. Cappol, Jacomo V.: *Der Die Das, oder Nomenclatura romanscha e todaischa...* (Gadina 1744) R.R.-German vocabulary of the 18th century.
40. Carigiet, P. Basilius: *Rätoromanisches Wörterbuch. Surselvisch-Deutsch* (Bonn Chur 1882)
41. Carisch, Otto: *Kleine deutsch-italienisch-romanische Wörtersammlung zum Gebrauch in den romanischen Landschulen des Kantons Graubünden* (3rd ed. Chur 1848) Surselvan with Germ. and Ital. equivalents.
42. ——————: *Grammatische Formenlehre der deutschen und rhätoromanischen Sprache, für die romanischen Schulen Graubündens, nebst einer Beilage über die rhätoromanische Grammatik im Besondern und einigen Proben aus der ältesten rhätoromanischen Prosa und Poesie...* (Chur 1852)
43. ——————: *Taschenwörterbuch der rhaetoromanischen Sprache in Graubünden, besonders der Oberländer und Engadiner Dialekte nach dem Oberländer zusammen gestellt und etymologisch geordnet. Unveränderter Neudruck (der Ausgabe von 1848 mit dem Nachtrag von 1852)* (3rd ed. Chur & S. Moritz 1887)
44. Conradi, Matthias: *Praktische deutsch-romanische Grammatik...* (Zurich 1820) Both Ladin and Surselvan.
45. ——————: *Dictionar (lexicon) da tasca dilg linguaig tudesc-romansch...* (Turig 1828) Surselvan.
46. *Dicziunari rumantsch-grischun. Provas "Acla, Adatg, Arar"* (San Galla 1933) Illus. pamphlet sample of biblio. No. 47.
47. *Dicziunari rumantsch-grischun... fundà da Robert de Planta e Florian Melcher. Redacziun: Chasper Pult ed Andrea Schorta* 1. Faschicul (Cuoira 1939) 2. Faschicul (Cuoira 1939) Work in progress to complete this lexicon of all R.R. dialects in Graubünden, not only a dictionary of all Romansh words and expressions, but an encyclopedia of Romansh life and customs. Many illus.
48. Gartner, Theodor: *Raetoromanische Grammatik* (Heilbronn 1883) Detailed grammar. Study of vocabulary and phonetics. Brief word about writings. Good biblio. for any R.R. ling. study.

49. Gisep, Nicolin Ludwig: *Ortografia ladina* (Cuoira 1920) **Good for lang. up to 1928** (see biblio. No. 37).

50. Liun, Lina: *Oberengadinische Elementargrammatik mit Gesprächsbüchlein und Wörterbüchlein für Deutschsprachige* (Thusis 1927) **Best Ladin grammar in Germ.**

51. Muoth, J. C.: *Grammatica romontscha-tudestga contenenta ils principals elements formals dil lungatg tudestg en lur relaziun cul lungatg romontsch dil Rein, cun exempels ed exercizis* (Cuera 1890) Not consulted, but author is **one of the best known Romansh poets and scholars.**

52. Pallioppi, Emil: *Wörterbuch der romanischen Mundarten des Ober- und Unterengadins, des Münsterthals, von Bergün und Filisur, mit Berücksichtigung der oberengadinischen Mundart. Deutsch-romanisch* (Samaden 1902) **The best Germ.-Romansh dictionary.**

53. Pallioppi, Zaccaria: *Ortografia et ortoëpia del idiom romauntsch d'Engiadin'ota, compiledas per creschius e scolars pü avanzos* (Coira 1857)

54. Pallioppi, Zaccaria bap, ed Emil Pallioppi, figl: *Dizionari dels idioms romauntschs d'Engiadin'Ota e Bassa, de Val Müstair, da Bravuogn e Filisur con particulera consideraziun del idiom d'Engiadin'Ota...* (Samedan 1895) Romansh-Germ. companion to biblio. No. 52.

55. Sale, Padre Flamino da: *Fundamenti principali della lingua retica o griggiona, con le regole del declinare i nomi, e congiugare i verbi, all'uso delle valli di Sopraselva e di Sorset: coll' aggiunta d'un vocabulario italiano e reto di due lingue romancie* (Disentis 1729) **First book ever written on Romansh.** A detailed grammar (pp.1-48) and Ital.-Surselvan dictionary (pp. 49-328). Useful in study of old Romansh texts.

56. Simeon, Ursicin: *Grammatica romontscha-tudesga per diever della scola e de privats* (4th ed. Glion 1926)

57. Soames, L., *Notes on the Sounds of the Romanch or Romanese of the Upper Engadine* (in Phonetische Studien III(1890):154-167) **Excellent treatment.**

58. Steinrisser, Chasper: *Grammatica elementera del romauntsch d'Engiadin'Ota* (San Murezzan 1929)

—— Ulrich, Jacob: *Altoberengadinische Lesestücke*, see biblio. No. 78.

59. ——————: *Mots intéressants ou rares fournis par les Épîtres du Nouveau Testament de Bifrun* (Rev. lang. rom. XLIX(1906):352-361 and L(1907):69-84, 203-206) **Alphabetical list with Lat. words they translated.**

60. Velleman, Anton: *Grammatica teoretica, practica ed istorica della lingua ladina d'Engiadin'Ota (Bibliotheca Rhaeto-Romanica I e II)* (Zurich 1924) Very detailed grammar in two volumes. Entirely in Romansh.

61. ——————————:*Dicziunari scurznieu de la lingua ladina, pustüt d'Engiadin'Ota, cun traducziun tudais-cha, francesa ed inglaisa e numerusas indicaziuns topographicas e demograficas ...Abridged dictionary of the Ladin (or Romansh) language with German, French, and English translation and numerous indications referring to topography and population* (Samaden 1929) Excellent pocket-sized book of 928 pages.

62. Vieli, Ramun: *Vocabulari scursaniu romontsch-tudestg* (Mustér 1928) Excellent Surselvan pocket dictionary. Appendix of irregular verbs.

63. Vital, Jon: *Romanisch (Deutsch, Französisch, Italienisch) 3 Hefte* (Zurich n.d.) Three picture books to learn Romansh (Ladin) by direct method. Quite antiquated illus.(c. 1890) but very useful anyhow.

64. Vonzun, Otto: *Der Anfang des deutschen Unterrichtes in romanischer Schule* (St. Moritz 1893) Good primer for beginners in Romansh also.

III COLLECTIONS AND ANTHOLOGIES OF ROMANSH MATERIAL, CONTAINING GOOD INTRODUCTIONS TREATING OF ROMANSH LITERATURE IN GENERAL

65. Bundi, Gian: *Engadiner Nelken. Eine Sammlung raeto-romanischer Lyrik* (Chur 1920) Good selection of Ladin poems with Germ. trans. Brief notes on each poet's life and works.

66. ——————————: *Märchen aus dem Bündnerland* (Basel 1935) Illus. Romansh stories told in Germ.

67. Caviezel, Hartmann: *Litteratura veglia* (in Annalas II(1887): 262-282; III(1888):304-325; VIII(1893):140-214; and X (1895):187-222) Reprints of old canzuns with notes.

68. Decurtins, Caspar: *Rätoromanische Chrestomathie* 12 vol. (Erlangen 1896-1919) and Ergänzungsband (Erlangen 1912) (also appeared in Rom. Forsch. during years 1888-1919) Excellent introductions to each vol. Selections from R.R. folklore and lit. in all dialects, including many hitherto unpublished mss.

69. Faesi, Robert: *Antologia Helvetica* (Leipzig 1921) *Poesias retorumantschas*, pp. 311-333. Selections from Ladin and Surselvan poetry.

70. Flugi, Alfons von: *Canzuns popularas d'Engiadina* (in Rom. Stud. I(1873):309-335)

71. Guidotti, Tobia: *Colleoziun da proverbis rhaeto-romanschs* (in Archiv. per lo studio delle tradizioni populari X(1891):554-560; and XI(1892):259-264, 385-398)

72. (Lansel, Peider) P. I. Derin: *Canzuns popularas engiadinais* (in Annalas VI(1891):34-75 and VII(1892):45-77) Brief introduction.

73. Lansel, Peider: *La musa ladina; antologia da la poesia engiadinaisa moderna, cun üna survista da nossa litteratura poetica* (2nd ed. Samaden 1918) Good selection of best known Ladin poets of the last century with a good introduction and short biographies of each poet.

74. *Nies Tschespet. Cudischets per il pievel.* (Basel, Mustér, Glion 1891-1935) Various modern works of Romansh prose and poetry published in this small inexpensive People's Edition. Fifteen works have been published so far. Most of these have some introduction about the author's life and work.

75. Roque-Ferrier, A.: *Un recueil de poésies rumonsches (Dialecte de la Haute Engadine - Canton des Grisons - Suisse)* (in Rev. lang. rom. V(1874):196-218) Good introduction to Romansh lang.

76. Ulrich, Jacob: *Rhätoromanische Chrestomathie, Texte, Anmerkungen und Glossar* (Halle 1883) *Teil I Oberländisch Teil II Engadinisch.* Good brief selection of Romansh texts 1527-1883.

77a. ——————————: *Rhätoromanische Texte I Vier Nidwaldische Texte.* (Halle 1883)

77b. ——————————: *Rhätoromanische Texte II Bifruns Ubersetzung des Neuen Testaments ...* (Halle 1883)

78. ——————————: *Altoberengadinische Lesestücke* (Zurich 1898) Selections from Upper Engadine writings of 16th and 17th centuries. Good glossary which serves as a Ladin dictionary for old Romansh works.

IV *GENERAL WORKS ABOUT RAETO-ROMANCE LANGUAGE AND LITERATURE*

79. Andeer, Peter: *Über Ursprung und Geschichte der Rhätoromanrschen Sprache* (Chur 1862) Interesting general treatment but often out of date. Fair list of R. R. works up to 1862.

80. Battisti, Carlo: *Ladini* (in biblio. No. 11, Vol. XX, pp. 352-353)

81. Bezzola, Reto: *Sprache und Kultur im Engadin* (in Der Bergsteiger XIII (1935):525-529) Good article on lang. and people.

82. ——————————: *Rätoromanische Kultur* (in *Confoederatio Helvetica*, edited by Hans Richard Müller, Bd. II(Zurich 1936):245-278) Excellent illus. article.

83. Brockmann-Jerosch, H. (editor): *Schweizer Volksleben* Bd.I (Zurich 1929) *Volksleben in Graubünden* (pp.42-80) Profusely illus. with photographs and line drawings. Articles on lang., lit., and customs by various Romansh scholars.

84. Bruce-Whyte, M.A.: *Histoire des langues romanes et de leur littérature depuis leur origine jusqu'au XIV siècle* 3 vol. (Paris 1841) *Analyse de la langue romaunch,* (in Vol. I pp.226-289). Excellent history of Raetia. Notes on lang.

85. Bundi, Gian: *Chronique romanche* (in Voile latine (Genève 1910): 367-370)

86. ———————: *Las Agnas; ein kulturhistorischer Streifzug ins Oberengadin* (in Bünd. Monatsbl. (1925):329-344) Essay on old Engadine. Notes on folksongs.

87. Camenisch, Emil: *Die rätoromanischen und italienischen Gemeinden der Schweiz* (in Ekklesia III (Gotha 1935):68-89) Good treatment of Romansh written lang. and early writings.

88. Carnot, P. Maurus: *Im Lande der Rätoromanen. Kulturhistorisch-litterarische Studie* (Basel 1898) Treats of Surselvan only. Shorter than the collection of essays published under same title in 1934 (see biblio. No. 89).

89. ———————: *Im Lande der Rätoromanen - Sprachliches und Sachliches vom Graubündner Inn und Rhein* (Zurich 1934) Essays about Romansh lang. and lit., especially the poetry, of both regions. Numerous Germ. verse trans. of Romansh poetry.

90. Demont, Gius: *La renaschientscha dil romontsch* (in Ischi XVII (1921):1-20) History of Romansh societies and the work of the Lia Rumantscha.

91. Gartner, Theodor: *Viaggi ladini, con un saggio statistico ed una carta geografica* (Linz 1882)

92. ———————: *Handbuch der rätoromanischen Sprache und Literatur* (Halle 1910) Excellent treatment. Good biblio.

93. *Der Geistesarbeiter* 17 Jhrg. (Zurich 1938) No. 1 A special Romansh number with articles on Romansh people, lang., and lit.

94. Hartmann, Gottfried: *Zum fünfundzwanzigjährigen Jubiläum der Annalas della societa retoromantscha* (in Wissen u. Leben 6 I (1912-1913):561-567)

95. *Heimatschutz. Ladinische Nummer* Jhrg. XIII (Nov-Dec 1918) Special number with articles on Ladin lang., lit., and culture.

96. *L'Illustré* XVI (Lausanne 1936) No. 22 A special all-Romansh number. Excellent articles.

97. Jud, J.: *Allocution* (in Rev. ling. rom. VII (1931) :73-79) Brief history of R.R. lang. and writings, and summary of R.R. philology to date with special mention of the work of Robert von Planta.

98. Kirkconnell, Watson: *Rhaeto-romanic Tradition* (in Royal Soc. of Canada Transactions XXXI Sec. II (Ottawa 1937) :25-31) Good short general article. Engl. verse trans. of three Romansh poems.

99. Lansel, Peider: *Glossen zur rätoromanischen Sprache und Kultur* (in biblio. No. 122, pp. 6-17)

100. ——————: *I Retoromanci* (Milano 1935) One of the best short accounts (32 pp.) of R.R., especially that of Graubünden. Trans. appeared as follows:

   a. *Die Rätoromanen* (Frauenfeld 1936) trans. by Heinz Haeberlin

   b. *Les Rhétoromans* (Neuchâtel 1936) trans. by Charly Clerc

   c. *Ils Retorumantschs* (Samaden 1936) trans. by Peider Lansel

   d. *The Raeto-Romans* (Chur 1937) trans. by M. Elizabeth Maxfield with ling. map inserted

101. ——————: *La culture romanche* (in biblio. No. 96, pp. 663-667) Many illus.

102. Lechner, Ernest: *Das Oberengadin in der Vergangenheit und Gegenwart*... (Leipzig 1900) Good summary (188 pp.) with 12 illus.

103. Lia Rumantscha. This Romansh soc. (founded in 1919) publishes various pamphlets on Romansh lang., lit., and culture. Its central office is 17 Quaderstrasse, Chur.

104. Liebeskind, W. A.: *Die romanische Schweiz als nationales Problem* (2nd ed. Glarus 1936) Good general treatment (14 pp.).

—— Ligia Romontscha. Surselvan spelling of Lia Rumantscha (see biblio. No. 103).

105. Martineau, Russell: *On the Romonsch or Rhaetian Language in the Grisons and Tirol* (London 1882; also in Philological Soc. Transactions (London 1880-1881) :402-460) A history of R.R. with interesting examples from Romansh writings.

106. Pallioppi, Emil: *The Romansch Language* (in biblio. No. 118, pp.66-87) A useful general article.

107. Parmentier, Th.: *Vocabulaire rhétoroman des principaux termes de chorographie et des mots qui entrent le plus fréquemment dans la composition des noms de lieu* (Paris 1896) Good introduction pp.5-35.

108. Planta, Joseph: *An Account of the Romansh Language* (London 1776) The first English book on the subject. Good short essay. German version: *Geschichte der Romanischen Spache.* (Chur 1776)

109. Planta, Robert von: *Herkunft und Stellung des Rätoromanischen* (in Im Bünd. Heim, September 28, 1926) Excellent short article.

110. ————————: *Aus dem Lande der Rätoromanen* (in biblio. No. 112, pp. 371-373)

111. Pult, Caspar: *Rätoromanisch, unsere vierte Landessprache* (St. Gallen 1938) Small pamphlet on history and background of Romansh.

112. *Rätoromanisch* (Schweiz. Hochschulztg. Rev. universitaire suisse. Sechstes Heft. Zurich, February 1938) Entire number devoted to articles or poems in or about Romansh.

113. *Rätoromanisches Erbe* (in N.Z.Z. 1938 No. 262) Special Sunday section devoted to Romansh with editorials, articles, and poems.

114. *Resultate der Abstimmung vom Sonntag 20 Februar* (in Neue Bünd. Ztg. 1938 No. 43) Complete results on national referendum when Romansh was voted fourth national language of Switzerland.

115. Reynold, Gonzague de: *La Suisse Rhétoromane* (in La Semaine littéraire (Genève 1917) nos. of September 12, 20, and 27) Very well-organized article about the people, their lang., and lit.

116a. ————————: *Cités et pays suisses* (Fribourg 1923) pp.307-314 *La Rhétie alpestre.* Description of the land and lang.

116b. ————————: *Schweizer Städte und Landschaften* (Zurich 1932) Germ. trans. of selections from the foregoing. *Das Alpine Rätien (Graubünden)* pp. 323-332.

117. Singer, Eugenie: *Die Rätoromanen als Volkstum* (in Nation u. Staat V(1931-32):98-107) Very good short general survey of R.R.

118. Strickland, F. de Beauchamp: *The Engadine: a guide to the district, with articles by J. A. Symonds and others* (2nd ed. London 1891) See biblio. No. 106 and No. 220.

119a. Tarnuzzer, Chr.: *Illustriertes Bündner-Oberland* (Zurich 1903) See biblio. No. 151.

119b. ————————: *L'Oberland Grison. Appendice historique par J. C. Muoth* (Zurich 1903) Fren. version of the foregoing. See biblio. No. 151.

——— Turitg. Romansh form of Zurich.

120. Uniun Rumantsch Turitg: *10 Ans dal Uniun Rumantsch Turitg* (Zurich 1930) Publication of the Romansh soc. of Zurich. Contains articles and poems in Ladin and Surselvan.
121. Vaterlaus, J.: *La lingua reto-romauntscha* (Samedan 1877) Essay (34 pp.) on Romansh lang. and lit.
122. *Vom Lande der Rätoromanen* (n.p. 1931) Pamphlet collection of good articles on Romansh lang. and lit., reprinted from N.Z.Z. 1931 Nos. 589-590. Ling. map pp. 3-5.
123. Wartburg, W. von: *Der Kampf unserer Rätoromanen um die Erhaltung ihrer Sprache* (in Aargauer Tagbl. 1920 No. 287)
124. Winslow, Anne Goodwin: *Notes on the Romansch* (in Saturday Rev. Lit. 6(1930:85-) Review of Velleman's dictionary (biblio. No. 61) and Lansel's book of poems *Il Vegl Chalamêr*.

V. STUDIES IN RAETO-ROMANCE PHILOLOGY AND LINGUISTICS
A. RAETIC

125. Bonfante, G.: *Quelques aspects du problème de la langue rétique* (in Bull. de la soc. ling. de Paris XXXVI (1935):141-154)
126. Planta, Robert von: *Birkicht und Vokalmetathese in Rätischen* (in *Festschrift Louis Gauchat* (Aarau 1926):209-220) Etymology and sound shifts in development of Raetic.
127. ——————: *Das vorrömische Rätien sprachlich betrachtet* (in Praehistorische Ztsch. XX (1929):285-286) Material on Raetians deduced from early place names.
128. ——————: *Aus der Sprachgeschichte Graubündens* (in biblio. No. 122, pp. 37-46) The early lang. development in Raetia.
— Staehelin, Felix: *Die Schweiz in römischer Zeit*, see biblio No. 218.
— ——————: *Die vorrömische Schweiz*, see biblio. No. 219.
129. Thurneysen, R.: *Die etruskischen Raeter* (in Glotta XXI (1933): 1-7)
130. Whatmough, Joshua: *The Prae-Italic Dialects of Italy* 2 vol. (Cambridge 1933) Good notes on Raetians and their lang. in Vol. I, pp. 440, 459 and Vol. II, pp. 1-7, 627.
131. ——————: *The Raeti and their language* (in Glotta XXII (1934):27-31)
132. ——————: *"Tusca origo Raetis"* (in Harvard Studies in Classical Philology XLVIII (1937):181-202) Scholarly discussion of the origin of the Raetians and their lang.

B. *GENERAL STUDIES IN RAETO-ROMANCE*

133. Ascoli, Graziado I.: *Saggi ladini* (Milano 1873) (also appears in Arch. glott. ital. I(1873):1-537) Detailed study of the various "Ladin", i.e., R.R. dialects in Friaul, Tyrol, and Switzerland.

134. Bertoni, Giulio: *Filologia romanza* (in Nuova Antologia 314 (1937):110-113) Scientific ling. proofs that R.R. is a separate lang. group.

135. Boehmer, Eduard: *Prädicatscasus im Rätoromanischen* (in Rom. Stud. II (1876):210-227)

136. Böttiger, Carl Wilhelm: *Rhetoromanska språkets dialekter ett sprakhistorisk ut kast* (2nd ed. Upsala 1854) Not consulted, but very highly recommended. Remarkable in view of date. One of first scientific treatments of R.R.

137. Bourciez, Edouard: *Eléments de linguistique romane* (Paris 1923) Chap. V *Les Idiomes Rhétiques* (pp. 605-635) Very good treatment.

138. Christmann, W. L.: *Nachricht von der sogenannten romanischen Sprache in Graubünden* (Reutlingen 1819) Good material. Old but very well constructed. One of the first treatments of Romansh.

139. Coxe, William: *Travels in Switzerland and in the Country of the Grisons* (4th ed. London 1801) Vol. III pp. 270-295 *Letter 90. Languages of the Grisons—Particularly the Romansh—Its Antiquity—Origin—and two principal Dialects.*

140. Donau, Hs.: *Vom Rätoromanischen in Bünden* (Thun 1933) (also appeared in X. Jahresbericht über das Progymnasium in Thun(1932-33):21-33)

141. Gartner, Theodor: *Die rätoromanischen Mundarten* (in biblio. No. 16, Bd.I:608-637) An erudite study of vocabulary, pronunciation, and syntax of various R.R. dialects. Good biblio.

142. Hartmnan, Gottfried: *Rätoromanisches* (in Beilage z. Allgemeinen Ztg. (Munich 1895) No. 172 pp. 1-3. History of R.R. philology.

143. Jaberg, Karl: *Das bündner Romanische in seinem Verhältnis zu den schweizerischen Landessprachen* (a reprint from Kleine Bund n.p.n.d.) Good small leaflet distributed by the Lia Rumantscha (see biblio. No. 103).

144. Jaberg, Karl, und Jud, J.: *Sprach- und Sachatlas Italiens und der Südschweiz, von K. Jaberg und J. Jud; die Mundartaufnahmen wurden durchgeführt von P. Scheuermeier, G. Rohlfs und M. L. Wagner...* (Zofingen 1928 ———) To date seven volumes have appeared. Remarkable ling. and ethnographical study of words with complete map and illus. for each word.

145. Jud. J.: *Dalla storia delle parole lombardo-ladine* (in Bull. de dialectologie rom. III(1911):1-18, 63-86) Good biblio. for any R.R. ling. study.
146. ———: *Zur Geschichte der bündner-romanischen Kirchensprache* (in Jahresbericht der historisch-antiquarischen Gesellschaft von Graubünden XLIX(1919):1-56) Especially good for etymological examples. Biblio.
147. Maxfield, Mildred Elizabeth: *Map of Romansh-speaking Territory in Graubünden* (in biblio. No. 100d inserted, and in biblio. No. 293, p. 291)
148. Melcher, Florian: *Davart vschins e fulasters nella lingua retorumauntscha* (in Annalas XX(1906):197-218) Analysis of changes from Vul. Lat. to R.R., especially Romansh.
149. Muoth, J. C.: *Über Ursprung und Verbreitung der Rhätoromanischen Literatur* (in Sonntagsbl. des Bünd (Bern 1880) Nos. 7-11, pp. 49-50, 57-58, 65-66, 73-74, 81-82) Good history of R.R. philology and research.
150. ———: *Studis etymologs del romonsch sursilvan...* (in Annalas II(1887):1-37) Contains interesting table of changes in most common suffixes from Vul. Lat. to Romansh.
151. ———: *Geschichte und Sprache* (in biblio. No. 119a, pp. 104-138 and biblio. No. 119b, pp. 110-149)
152. Parmentier, Th.: *Les langues rhétoromanes* (Bordeaux 1897) Good treatment. Well-organized.
153. Planta, Robert von: *Rätoromanische Probleme* (in *Die Schweiz: Ein Nationales Jahrbuch* (Zurich 1931):109-122) Good ling. map.
154. ———: *Über Ortsnamen, Sprach- und Landgeschichte von Graubünden* (in Rev. ling. rom. VII(1931):80-100) Good article with four hist. and ling. maps.
155. Pult, Caspar: *Nos Rumantsch* (Samaden San Murezzan 1914) Four lectures on R.R. lang. development (Summer course at Zuoz, August 1913).
156. ———: *Historische Untersuchungen über die sprachlichen Verhältnisse einiger Teile der Raetia Prima im Mittelalter* (St. Gall 1928) (reprinted from an article in Rev. ling. rom. III(1927):157-205) Good biblio. and hist. and ling. maps of early Raetia.
157. ———: *Impronte Grigioni* (in Rev. ling. rom. VII (1931):101-118) Comparative linguistics of Romansh dialects.
158. ———: *Die rätoromanische Schweiz* (in Zofingia Zentralbl. (Basel 1931):419-433) Very good general article with newest ling. researches discussed.

— Roque-Ferrier, A.: *Un recueil de poésies rumonsches*, see biblio. No. 75.
— Schorta, Andrea: *Das lebendige Rätoromanisch*, see biblio. No. 240.
— Soames, L.: *Notes on the Sound of the Romanch or Romanese of the Upper Engadine*, see biblio. No. 57.

159. *Statistisches Jahrbuch der Schweiz* 44 Jhrg. (Basel 1936) p. 32 Population statistics on languages of Switzerland by censuses of 1880, 1888, 1900, 1910, 1920, and 1930.

160. Stumpf, Johann: *Gemeiner loblicher Eydgnoschafft Stetten, Landen und Völckeren Chronikwirdigen thaaten beschrybung* (Zürych 1548) Historical reference p. 296. Famous for repetition of Tschudi's (biblio. No. 161) assertion that Romansh cannot be written.

161. Tschudi, Gilg: *De prisca Alpina Rhaetica* (Basilea 1538) trans. into Germ.: *Die Uralt warhafftig Alpisch Rhetia* (Basell 1538) Important for Tschudi's statement (p. Bij) that Romansh is a barbaric language which could not ever be written.

162. Velleman, Anton: *La langue romanche* (in biblio. No. 96, pp. 660-661) Good short article with ling. map.

C. MEDIEVAL ROMANSH

163. Bertoni, Giulio: *Sul più antico documento ladino* (in Archivum rom. I (1917):502-504) Photostat of mss. p. 503. Biblio.

164. Ettmayer, K. R. von: *Kenntnis des alten Ladinischen* (in Ztsch. f. rom. phil. XXXIX (1915) :1-17)

165. Foerster, Wendelin und Koschwitz, Eduard, (editors): *Altfranzösisches Übungsbuch. Die ältesten Sprachdenkmäler*....... (Leipzig 1921) pp. 271-272 contain notes on oldest R.R. document.

166. Gartner, Theodor, Suchier, H., und Schuchardt, H.: *Über das älteste rätoromanische Sprachdenkmal* (in Ztsch. f. rom. phil. XXXI (1907) :701-712)

167. Gelzer, Heinrich: *Die Heimat des ältesten rätoromanischen Sprachdenkmals* (in Ztsch. f. rom. phil. LVIII (1938) :549-551) A list of almost all previous articles on this subject and discussion of them.

168. Gröber, Gustav und Traube, Ludwig: *Das älteste rätoromanische Sprachdenkmal* (in Sitzungsbericht d. k. Bayerischen Akademie d. Wissenschaft (München 1907) :71-96)

169. Marchot, Paul: *Les Gloses de Cassel, le plus ancien texte rétoroman* (Fribourg 1895) Collectanea Fribourgensia Fasiculus III

170. ————————: *Les gloses de Vienne. Vocabulaire rétoroman du XIe siècle* (Fribourg 1895)

171. ————————: *Sur le plus ancien texte rétique* (in Rom. XLIX (1923) :260-265)

172. Planta, Robert von: *Ein rätoromanisches Sprachdenkmal aus dem zwölften Jahrhundert* (in Archiv f. lat. Lexicographie u. Grammatik XV (1907) :391-399)

173. ————————: *Die Sprache der rätoromanischen Urkunden des achten bis zehnten Jahrhunderts* (in Quellen z. Geschichte Vorarlberg u. Liechtensteins I (Bern, Bregenz, Stuttgart 1920) :62-108) Detailed etymological study of the early R.R. lang.

174. *Ein rätoromanisches Sprachdenkmal aus dem zwölften Jahrhundert* (in biblio. No. 112, pp. 373-374) Text with Germ. trans. Photostat of mss. opposite p. 344.

175. Roques, Mario: *Le plus ancien texte rétique* (in Rom. XXXVII (1908) :497-508)

176. Spitzer, L.: *Zum ältesten rätoromanischen Sprachdenkmal* (in Ztsch. f. rom. phil. XXXVI (1912) :477-479)

177. Traube, Ludwig: *Das älteste rätoromanische Sprachdenkmal. Codex Einsiedeln 199* (in Vorlesungen u. Abhandlugen von L. Traube III (1920) :246-249)

D. ROMANSH AND ITS RELATION TO ITS LINGUISTIC NEIGHBORS, ITALIAN AND GERMAN

178. Ascoli, Graziado I.: *Materia romana e spirito tedesco; materia tedesca e forma romana; rude materia tedesca* (in Arch. glott. ital. VII (1883) :556-573) Treatment of Germ. elements in Romansh vocabulary, morphology, and syntax.

179. Bloch, G.: *Das Romanische im Sprachenkampf Graubündens* (in Die Neueren Sprachen V (1898) :53-63)

180. Brandstetter, Renward: *Rätoromanische Forschungen I Das schweizerdeutsche Lehngut im Romontschen* (Luzern 1905) Good biblio. for any R.R. ling. study.

181. Camenisch, Carl: *Ein friedlicher Sprachenkampf* (in Wissen u. Leben XV (1908) :87-94) Short hist. sketch of R.R. lang. and its peaceful struggle for existence.

182. ————————: *Zur Sprachenfrage in der Schweiz* (in Sonntagsbl. d. Basler Nachrichten 1910 No. 18) Discussion of the relations between Italy and the Engadine.

183. Gamillscheg, Ernst: *Romania Germanica. Sprach- und Siedlungsgeschichte der Germanen auf dem Boden des alten Römerreichs* Bd. I (Berlin 1934) p. 409 "Alpenromanisch" words.

184. Genelin, Placi: *Germanische Bestandteile des rätoromanischen (surselvischen) Wortschatzes* (in Program der k.k. Oberrealschule (Innsbruck 1900):1-55) Detailed study of Germ. sounds and words in Surselvan.
185. Haig, Malcolm N.: *The Death of a Language* (in Davos Courier IV (1892):239-240, 252-254) Good general information. Article on struggle of Romansh against Germanization or Italianization.
186. Knellwolf, Arnold: *Die Sprache in Graubünden* (in Ztsch. f. schweiz. Statistik (1905):305-306)
187. Mader, L.: *Deutsche Lehnwörter im Rätoromanischen* (in Der Freie Rätier (1911) Nos. 305-306)
188. Melcher, Florian: *Ein friedlicher Sprachenkampf in Graubünden* (in Süddeutsche Monatshefte VIII (München 1911):236-240)
189. Menghius, M. C.: *Sprachgrenze in Graubünden* (in Petermanns Mitteilungen XLIV (1898):97-105) Statistics. Two good maps of languages in 1888.
190. Mischi, Josef: *Deutsche Wörter im Ladinischen* (Brixen 1882)
191. Morf, Heinrich: *Die sprachlichen Einheitsbestrebungen in der rätischen Schweiz* (Bern 1888)
192. —————————:*Aus Dichtung und Sprache der Romanen* 2 vol. (Strassburg 1903, 1911) Vol. I pp. 418-464 *Ein Sprachenstreit in der rätischen Schweiz.* Vol. II pp. 288-331 *Die romanische Schweiz und die Mundartforschung.*
193. Planta, Robert von: *Geschichtliche Entwicklung der deutschen Sprachgrenze* (in Geographisches Lexikon der Schweiz (Neuenburg 1908) Under article *Schweiz* (Bd. V:60-65)) Good treatment with excellent map of languages in Switzerland.
194. —————————: *Rätoromanisch und Italienisch* (in N. Z. Z. 1917 Nos. 927 and 935) Good brief article about the Ladin-Italian controversy and arguments of both sides.
195. Pult, Caspar: *Le parler de Sent* (Lausanne 1897) Though a detailed study of one dialect, has a good section (pp. 128-142) on Germanisms in Romansh applicable to all Romansh dialects.
196. Sartorius, A.: *Die fortschreitende Verdeutschung der Rätoromanen in Graubünden* (in Deutsche Erde IV (1905):56-59)
197. Szadrowsky, M.: *Rätoromanisches im Bündnerdeutschen* (in Bünd. Monatsbl. (Chur 1931):1-27) Brief biblio. for such studies.
198. Tester, C.: *Linguistisches aus der romanischen Schweiz* (in Ztsch. f. Völkerpsychologie u. Sprachwissenschaft XX (1890):222-234)
199. Truog, M.: *Die sprachlichen Verhältnisse in Graubünden* (in Geographische Nachrichten Jhrg. 2 (Basel 1886):94-96)

200. Tuor, P.: *Die nationale Bedeutung der rätoromanischen Sprache* (in WeltChronik Jhrg. 36 (Zurich 1929) No. 40)
201. ———————: *La populaziun romontscha—el Grischun tenor la dumbraziun federala de 1930* (in Ischi XXIV (1930) :1-53)
202. Velleman, Anton: *Influenzas estras i'l ladin* (in Annalas XLV (1931) :87-116) Lat., Germ., and Ital. elements in Ladin

VI. STUDIES IN THE HISTORY OF THE RAETO-ROMANCE TERRITORY

203. Campell, Ulrich: *Zwei Bücher rätische Geschichte (Deutsch von Conradin Mohr)* (Chur 1851) In one vol. Trans. from Lat. of 1582. Covers history, customs, and typography of the region, 100 B. C. to the Reformation.
204. Cohen, Henry: *Description historique des monnaies frappées sous l'Empire Romain communément appelées médailles impériales* Tome II (Paris 1882) pp. 156-157 Descriptions of five variations of coins stamped *Excercitus Raeticus* (Nos. 578-582). Nos. 578 and 579 may be found in the coin collections of the Rätisches Museum, Chur.
205. Czoernig, Karl: *Die alten Völker Oberitaliens* (Wien 1885) Chap. III *Die Raeto-Etrusker* and Chap. IV *Die Raeto-Ladiner*. General treatment. Some parts out of date.
206. Devoto, Giacomo: *Reti* (in biblio. No. 11, Vol. XXIX, p. 142)
207. Diezte, Heinrich: *Raetien und seine germanische Umwelt in der Zeit von 450 bis auf Karl den Grossen unter besonderer Berücksichtigung Churrätiens* (Frankfurt 1931) A large documented hist. Work.
208. Gerola, Berengario: *Romanici e Germani, Italiani e Tedeschi nell' Alto Adige* (in Arch. glott. ital. XXV (1931-33) :147-183)
209. Heierli, J.: *Die bronzezeitliche Quellfassung von St. Moritz* (in Anz. f. schweiz. Altertumskunde. Neue Folge IX (1907) :265-278)
210. Helbok, Adolf: *Die rätoromanischen Urkunden des achten, neunten, und zehnten Jahrhunderts* Bd. I (Bern, Bregenz Stuttgart 1920)
211. Heuberger, Richard: *Raetia Prima und Raetia Secunda* (in Klio-Beiträge z. alten Geschichte XXIV (1930) :348-366) Hist. treatise. No mention of lang.
212. ———————: *Rätien im Altertum und Frühmittelalter* (Innsbruck 1932) Large detailed and documented hist. work.
213. Kaiser, P.: *Beiträge zur Geschichte Graubündens* (in Rätia III (1865) :252-282) History of the Canton in the Roman period.
214. Lutta, C. Martin: *Der Dialekt von Bergün und seine Stellung innerhalb der rätoromanischen Mundarten Graubündens*

(Halle 1923) Good hist. sketch (pp. 11-25) which serves for all R.R. regions.

215. Muoth, J. C.: *Churrhätien in der Feudalzeit* (in Vorträge über Bündnergeschichte (Chur 1902):29-87) Detailed history.

216. Pieth, Fr.: *Geschichtliches über Chur* (in Schweiz. Lehrerztg. Jhrg. 78 (1933) No. 26) Short history of the city of Chur.

— Planta, Robert von: *Das vorrömische Rätien*, see biblio. No. 127.

— ———: *Über Ortsnamen, Sprach- und Landgeschichte*, see biblio. No. 154.

217. Porta, Peter Dominicus Rosius da: *Deutsche Übersetzung der lateinischen Kirchen- und Reformations-Geschichte Bündens* (Thusis 1806) Original Lat. of 1771, 1774. Important because da Porta had access to many valuable hist. mss. which can no longer be found.

— Pult Caspar: *Historische Untersuchungen*, see biblio. No. 156.

— ———: *Il vegl cumün grischun rumantsch*, see biblio. No. 238.

218. Stähelin, Felix: *Die Schweiz in römischer Zeit* (2nd ed. Basel 1931) Good material (pp. 3-19) on early peoples: Ligurians, Raetians, Etruscans, Illyrians, and Celts in Raetia.

219. ———: *Die vorrömische Schweiz im Lichte geschichtlicher Zeugnisse und sprachlicher Tatsachen* (in Ztsch. f. schweiz. Geschichte Jhrg. XV (1935):337-368) Notes on early Etruscans and Raetians.

220. Symonds, John Addington: *The History of Graubünden* (in biblio. No. 118, pp. 21-41) Good account.

221. Tönjachen, Rudolf O.: *Baldiron und die drei rätischen Bünde* (Samaden 1930) Good treatment of Bündner (especially Engadine) history from Middle Ages to 1622.

222. Winkelmann, F.: *Die römischen Grenztruppen der Provinz Rätien und ihre Garnisonen im Jahr 400* (in Deutsche Gaue XIII (1912):129-160)

VII. THE ROMANSH PEOPLE AND THEIR CULTURAL TRADITIONS, INCLUDING MANNERS, CUSTOMS, COSTUMES, ART, AND ARCHITECTURE

223. Barblan, Gaudenz: *Sitten, Gebräuche und Volksfeste im Unterengadin* (in Archiv f. schweiz. Volkskunde Jhrg. 18 (1914):150-169 and Jhrg. 19 (1915):13-29; also appeared in Romansh earlier in Annalas XIV (1900):159-200)

224. Brunies, Steivan: *Davart l'influenza da la natura grischuna sün nos pövel ladin* (in Annalas XLIV (1930):55-72) Influence of Bündner nature on history, character, and customs of Romansh people.

225. Bundi, Gian: *Auswanderung und heimische Kultur in Bünden* (in Der Bünd 1925 No. 531) Interesting short article on emigration of Bündners, especially to Italy, and its effect on Romansh life and lit.
226. Caduff, Gian: *Die Knabenschaften Graubündens. Eine volkskundliche kulturhistorische Studie* (Chur 1932) Not consulted, but author a well-known Romansh scholar.
227. Caviezel, M.: *Tourist's Guide to the Upper Engadine* (London 1877) Trans. from the Germ. pp. 39-50 on Romansh people and their culture.
228. Jenny, H.. *Alte Bündner Bauweise und Volkskunst* (Chur 1914) Contains 53 fine illus. some in color.
229. Lansel, Peider: *Nossa chasa engiadinaisa* (in Gaz. Lad. special no. dated November 2, 1923)
230. ————————: *La maison romanche* (in Art et Cité (Dec. 1937) :24-29) Interesting illus. article.
231. Lechner, Ernst: *Die periodische Auswanderung der Engadiner und anderer Bündner* (2nd ed. Samaden 1912)
232. Leonhardi, G.: *Rätische Sitten und Gebräuche* (St. Gallen 1844)
233. Lötscher, Simon Leonhard: *Aus dem rätischen Volksleben* (in Archiv f. schweiz Volkskunde XXXII (1932) :65-104)
234. Muoth, J. C.: *Nachrichten über bündnerische Volksfeste und Bräuche* (in Archiv f. schweiz Volkskunde II (1898) : 116-151) Well-organized and thorough.
235. Poeschel, Erwin: *Das Engadiner Haus* (in Der Bergsteiger XIII (1935) :494-497) A short article on construction of Engadine house and Romansh words for different parts of it and etymology of them.
236. ————————: *Von Bündner Art und Kunst* (in biblio. No. 113)
237. Pult, Caspar: *Alltags- und Festtagstreiben* (in *Schweizer Volksleben*, edited by H. Brockmann-Jerosch, Bd. I (Zurich 1929) : 46-61) Excellent article on Engadine life and customs. Profusely illus.
238. ————————: *Il vegl cumün grischun rumantsch* (in Annalas XLIV (1930) :362-381) Political and administrative history from pre-Roman times to the present.
239. Schmid, Martin: *Die Bündner Schule* (Zurich 1933) Statistics about schools in Graubünden—Ital., Romansh, and Germ.
240. Schorta, Andrea: *Das lebendige Rätoromanisch* (in biblio. No. 112, pp. 317-322)

241. ————————: *Sprache und Schule in romanisch Bünden* (in Schweiz. Lehrerztg. Jhrg. 80(1935) No. 7) Three-page article. Ling. map p. 2.
242. Symonds, John Addington: *Our Life in the Swiss Highlands* (London and Edinburgh 1892) A few scattered pages on Romansh people.
243. Tönjachen, Rudolf O.: *Sitte und Brauch im schweizerischen Inntal* (in Der Bergsteiger XIII(1935):487-493) Excellent article on Engadine folk customs and traditions.

VIII. STUDIES IN ROMANSH FOLKLORE

— Bundi, Gian: *Las Agnas*, see biblio. No. 86.
244. Caflisch, Artur: *Nossa poesia populera* (in Annalas XLVIII (1934): 217-244) Interesting article on Engadine folksongs with examples.
245. Caminada, Chr.: *Feuerkultus in Rätien* (Chur 1933) Good article based on numerous examples in Romansh folklore found in Decurtins and Jacklin.
— Carnot, P. Maurus: *Im Lande der Rätoromanen. Kulturhistorisch-litterarische Studie*, see biblio. No. 88.
246. ————————: *Hohenrätiens Volkslied* (in Schweiz. Rund. (1904-05):93-106).
— ————————: *Im Lande der Rätoromanen. Sprachliches und Sachliches vom Graubündner Inn und Rhein*, see biblio. No. 89.
247. Decurtins, Caspar: *Über Sage und Volksdichtung des romanischen Oberlandes* (in Feuille centr. soc. Zof.(1873):184-192, 215-230, 253-266)
248. ————————: *Rätische Studien. I Das rätoromanische Märchen* (in Monat. schweiz. Stud. April 1876) Very brief article.
249. ————————: *Rätische Studien. II Unser Rätsel* (in Fremdenbl. Nos. 8 and 10)
250. ————————: *Rätische Studien. III Ein uralter Mythus* (in Fremdenbl. Nos. 17 and 20)
251. ————————: *Volkstümliches aus dem Unterengadin* (in Ztsch. f. rom. phil. VI(1882):582-597) Notes on texts given, especially folksongs.
— ————————: *Geschichte der rätoromanischen Litteratur*, see biblio. No. 269.
252. ————————: *Eine rätoromanische Ballade* (in Archiv f. schweiz. Volkskunde XX(1916):86-96) Good article with many examples of folksongs and early political songs.
253. Dolf, Tumasch, e Loringett, Stiafen: *Tradiziun orala e canzuns popularas* (in Annalas XLIII(1929):61-173) Folklore of Schons.

254. Flugi, Alfons von: *Die Volkslieder des Engadin* (Strassburg 1873) Good survey of Engadine folksongs.
255. Grand, Florian: *La chanzun populera ladina* (in Fögl 1879 Nos. 21-28; and Fögl 1880 Nos. 2-6)
256. Lansel, Peider: *La poesia populara d'Engiadina (Pleds introduond l'audiziun dels 22 avuost 1913)* (in Fögl 1913 No. 38)
257. Petsch, Robert: *Rätoromanische Volksmärchen* (in Beilage z. Allgemeinen Ztg. (München 1900) No. 141 pp: 5-6)
258. Uffer, Leza: *Rätische Kultur im rätischen Märchen* (in biblio. No. 112, pp. 359-370) Excellent article.
259. Vital, Andrea: *Chanzuns populeras ladinas* (Coira 1896) Collection of hitherto unpublished folksongs preceded by short introduction.
260. ——————: *Poesia e scienza populera ladina* (in Annalas XIII (1899) :137-214) Introduction and selections from Ladin folklore.

IX STUDIES IN ROMANSH LITERATURE

Note: See also titles in Section III

261. Battisti, Carlo: *Dialetti e letteratura dei Grigioni* (under article *Grigioni* in biblio. No. 11, Vol. XVII, pp. 963-965)
262. Bertoni, Giulio: *Letteratura ladina dei Grigioni* (in book by same author: *Studi su vecchie e nuove poesie e prose d'amore e di romanze* (Modena 1921) :323-365; also appeared earlier in Fanfulla della Domenica (Rome 1916) Nos. 36, 37, 39, 40) Good critical summary of Romansh lit., both Ladin and Surselvan.
263. Bezzola, Reto: *Lirica ladina moderna* (in biblio. No. 120, pp. 43-52) Good short article on modern Engadine poetry.
264. ——————: *Vier hundert Jahre rätoromanischer Literatur* (in biblio. No. 122, pp. 18-26) Concise summary from beginnings to 1930.
— Bundi, Gian: *Engadiner Nelken*, see biblio. No. 65.
265. Candreia, J.: *Die romanische und italienische Journalistik Graubündens* (in the book *Die Schweizer Presse* (Bern 1896) pp. 3-52) Part on Romansh journalism pp. 3-47.
— Carnot, P. Maurus: *Im Lande der Rätoromanen*, see biblio. No. 88 and No. 89.
266. Caviezel, Hartmann: *Rätoromanische Kalender-Litteratur* (in Ztsch. f. rom. phil. XVI (1892) :128-164) Summary of various Romansh calendars and literary material appearing in them.

267. Caviezel, Rest Antoni: *Die vierte Landessprache der Schweiz und ihre Presseerzeugnisse* (in Schweiz. Buchdrucker-Kalender (1931):42-47) Excellent review of present-day Romansh periodicals.

—— Decurtins, Caspar: *Rätormanische Chrestomathie*, see biblio. No. 68.

268. ——————: *Rätoromanische Literatur* (in Paul Seippel: Die Schweiz im neunzehnten Jahrhundert Bd. II (Bern 1900): 403-409)

269. ——————: *Geschichte der rätoromanischen Litteratur* (in biblio. No. 16, Bd. II:218-261) Excellent survey of the whole field of oral tradition and written works in R.R. up to 1900.

270. Demont, Gius: *Davart la journalistica romontscha* (in *Das Buch d. schweiz. Zeitungsverleger* (Zurich 1925):941-945) Brief summary of Surselvan periodicals to date.

271. Flugi, Alfons von: *Zwei historische Gedichte in ladinischer Sprache aus dem sechzehnten und siebzehnten Jahrhundert* (Chur 1865) Good introduction.

272. ——————: *Die ladinischen Dramen im sechzehnten Jahrhundert* (in Ztsch. f. rom. phil. II (1878):515-521)

273. ——————: *Ladinische Liederdichter* (in Ztsch. f. rom. phil. III (1879):518-525) Article with good examples and Germ. trans.

274. ——————: *Historische Gedichte in ladinischer Sprache* (in Ztsch. f. rom. phil. IV (1880):256-265)

275. ——————: *Die ladinischen Dramen im siebzehnten Jahrhundert* (in Ztsch. f. rom. phil. IV (1880):1-6)

276. ——————: *Zwei weltliche ladinische Dramen des siebzehnten Jahrhunderts* (in Ztsch. f. rom. phil. IV (1880):483-501)

277. ——————: *Zwei ladinische Dramen des sechzehnten Jahrhunderts* (in Ztsch. f. rom. phil. V (1881):462-479)

278. Gadola, Guglielm: *Historia della schurnalistica sursilvana (1836-1928)* (in Ischi XXI (1928):47-240) Detailed history of each of the Surselvan periodicals.

279. ——————: *Historia dil teater romontsch (1650-1850)* 2 parts (Mustér 1930-1932) (Part II appeared also in Ischi XXIII (1930):1-140) Detailed history of the Surselvan theater.

280. ——————: *Rätoromanische Literatur und Kultur. Ein Überblick.* (in Schweizer-Schule Jhrg. 18 (1932):305-307)

281. Gisep, Nicolin Ludwig: *Literatura poetica ladina und Schutz der romanischen Sprache* (in Bünd. Haushaltungs- und Familienbuch (1913):77-80) Well-written article.

282. Hartmann, Gottfried: *Gioerin Wiezels Veltlinerkrieg* ... (Strassburg 1887)

283. ———————: excellent reviews of books and articles on Romansh in biblio. No. 22, from 1897-1912.

284. ———————: *Neuere Lyrik in Graubünden* (Erlangen 1906; also appeared in Festschrift zum XII. allgemeinen deutschen Neuphilologentage (München 1906):475-499) Especially fine article with many examples of both Ladin and Surselvan poets.

285. ———————: *Zur rätoromanischen Verskunst* (in Festschrift. Philologische u. volkskundliche Arbeiten (Erlangen 1908):287-294)

286. ———————:*Reformation und Literatur* (in Jahr. f. d. evangelische lutherische Landeskirche Bayerns (1913):85-94) Good article on early Romansh writings.

287. Iken, Dr.: *Proben von Liedern in romanischer Sprache aus Chur in Graubünden* (in Anz. f. Kunde d. teutschen Vorzeit Jhrg. 8(1839):380-394) Notes on Romansh poems of 18th and 19th centuries.

288. Kofmel, Eugen Oscar: *Hiob, ein oberengadinisches Drama aus dem siebzehnten Jahrhundert mit litterar-historischer Einleitung und etymologisches Glossar* (Solothurn 1889)

289. Lansel, Peider: *Una survista da nossa litteratura poetica* (in biblio. No. 73, pp. i-xxxiv) Very good critical survey of modern Ladin poetry.

290. ———————: *L'activitad giurnalistica in terra rumantscha* (in the book *L'Indépendence de la presse suisse* (Neuchâtel et Genève 1921) pp. 5-6) Periodicals of all Romansh regions discussed.

291. Leonhardi, G.: *Über das alte Volkstheater in Graubünden* (in Die Schweiz Jhrg. 7(Bern 1864) No. 3)

292. Lüthi, K. J.: *Die ältesten ladinischen Drucke* (in Gutenberg Jahr. (Mainz 1926):56-62)

293. Maxfield, Mildred Elizabeth: *Studies in Modern Romansh Poetry in the Engadine with special consideration of Zaccaria Pallioppi (1820-1873), Gian Fadri Caderas (1830-1891),* **and** *Peider Lansel (1863—)* (Cambridge 1938) Planographed. General treatment of Engadine poetry pp. 1-19, 207-211. Engl. verse trans. of 37 Romansh poems. Ling. map p. 291. Biblio.

294. Micheli, H.: *La poésie de l'Engadine* (in Journ. de Genève Vol. 44, February 14, 1910) Brief article. Good introduction to Engadine writings in general.

295. Mohr, Andrea: *Survista della literatura ladina* (in **Annalas** XVI (1902):13-152) Very good article with many examples of Ladin folklore and lit.

296. Mohr, Gion Rudolf: *Davart la pressa ladina* (in *Das Buch d. schweiz. Zeitungsverleger* (Zurich 1925) :933-940) Brief summary of Ladin periodicals.
297. Morf, Heinrich: *Die romanischen Literaturen* (in *Die romanischen Literaturen und Sprachen*, edited by Paul Hinneberg, (Berlin u. Leipzig 1909) :138-446) pp.288-293 *Rätien und Rumänien*. p. 434 notes on Romansh lit. after 1850.
298. Piguet, Edgar: *Les trois patrons des lettres rétoromanches* (in Vie—Revue romande (Genève 1937) 3e numéro spécial publié à l'occasion de la participation suisse à l'Exposition des arts et techniques dans la vie moderne. Exposition internationale, Paris 1937) Periodical not paged. Three-page article on Romansh lit.
299. ——————: *Peut-on parler d'une "littérature romanche"?* (in biblio. No. 93, pp. 8-14) Very good brief survey of Romansh lit.
300. ——————: *La Suisse rétoromanche* (in *Littératures de la Suisse par Charly Clerc, Jean Moser, Piero Bianconi, et E. Piguet et préface de Robert de Traz* (Paris 1938) :171-193) Good summary.
301. Rausch, Friedrich: *Geschichte der Litteratur des rätoromanischen Volkes mit einem Blick auf Sprache und Character desselben* (Frankfurt a M 1870) Must be included in any general biblio. Covers field in detail up to 1870 but has been severely criticized by scholars (e.g., Boehmer) as full of inaccuracies and entirely lacking in critical judgment.
302. Tönjachen, Rudolf O.: *Survista de la vita litteraria d'hozindi in Engiadina* (Samaden e San Murezzan 1935; also printed in Chalender Ladin (1936) :75-85) Short critical review of Engadine writings of the past two decades.
303. Vital, Andrea: *La literatura ladina dels ultims tschient ans* (in Annalas XXX(1916) :119-138) Excellent notes on modern Romansh writers. Good biblio.
304. ——————: *Die ladinische Literatur* (in biblio. No. 95, pp. 128-134) Well-organized summary of Ladin lit. from 1527 to 1918.

DE PASSIONE JUDAS
Edited by
NANCY ISELEY

DE PASSIONE JUDAS

Gustave Gröber in his Grundriss[1] cites from Paul Meyer while describing the manuscript of *De Passione Judas:* "Für eine agfz. Passion de Judas (g. 300 8 Silb.), Incipit *Seignurs pur deu ça escutez*, in Hs. Oxford Laud Misc. 471, Ende 13 Jh., scheinen die Evangelien benutzt zu sein."

Paul Meyer dates this Ms. at the end of the thirteenth century[2], while Vising attributes it to the fourteenth century.[3] It is our opinion that the Ms. must be dated very early indeed in the fourteenth century.

The author of *De Passione Judas* is unknown. We can judge by his dialect that he was Anglo-Norman, and we can be certain that he was in some way affiliated with the church.

The Ms. is written in a Gothic hand, the letters being clear and, in most cases, well-formed. There is no attempt to use a *ligne de fuite*. Two capitals are used: an *S* appearing at the beginning of the poem, and a *K* at the beginning of verse 168.

There is always a stroke above single *i*, and *y* is always dotted. Round *s* normally appears as the first letter at the beginning of a verse or as the last letter at the end of a verse. Long *s* is more frequently used in the interior. The *a* is rather definitely *à double panse*. At the end of each verse, the poet places a period. The abbreviations, which we have resolved, are very few, the most common ones being nine in number.

Johan Vising in his book *Anglo-Norman Language and Literature* tells us: "During the thirteenth century Anglo-Norman became more and more inconsistent and irregular."[4] With this continued irregularity we can understand the status of versification at the time of *De Passione Judas*. In this Ms., we notice that the number of syllables in each verse tends to vary, ranging from six to seventeen, the shorter verses being 6, 13, 66, 194, 212, 266 and the longer ones being 111, 119, 129, 136, 152. Further, as we read the poem, we observe that the author has a tendency to use more syllables in verses expressing greater emotion (vs. 109-176) than he does in those expressing less emotion (vs. 1-108; 177-284), thus determining the number of syllables by the sentiment expressed. Then, at times, the author seems to be inconsistent in syllabism and rhyme. For instance, he rhymes verse 108 of six syllables with verse 109 of eleven syllables, vs. 44 of eleven syllables with vs. 45 of seven, and vs. 221 of seventeen syllables with vs. 222 of only eight.

---

[1] Gustave Gröber, *Grundriss der romanischen Philologie* (Strassburg: Karl J. Trübner, 1902), II, pt. I, 935.

[2] *Loc. cit.*

[3] Johan Vising, *Anglo-Norman Language and Literature* (London: Humphrey Milford, Oxford University Press, 1923) p. 92.

[4] *Ibid.*, p. 33.

The poet conforms to a characteristic of Anglo-Norman poetry in his "not infrequent inexactness of... the couplets"[5] by sometimes having three, four, five, six, seven, and even eight rhyming verses form a *laisse*. A tendency toward internal rhyme is prevalent in vs. 83, 101, 178, 214, 215, 220, 221, 226, 264, 265, 274. Possibly we should have divided such verses, but this would have meant that in vs. 214 and 221, when divided, there would have been no rhyme.

Some of the peculiarities of pronunciation as illustrated in *De Passione Judas* are: the rhyme of *poin* with *redemption* (vs. 118, 119) showing that *oin* was pronounced *on*, at least by this author. Then *-ion* rhymes with *-on*: *passion* with *garçon* (vs. 116 and 117), and *pardon* with *remission* (vs. 166 and 167). Evidence is also present that *f* has been assimilated before final *s*, because *oscis* rhymes with *vifs* (vs. 122 and 123) and *poestifs* with *pris* (vs. 243). The *s* tends to disappear before final *t* as shown by the rhyme of *Christ* with *contredit* (vs. 160 and 161) and of *dist* with *eslit* (vs. 197 and 198).

Rhyme scheme: -a, 8; -ad, 1; -ain, 2; -an, 2; -ant, 4; -anz, 2; -as, 2; -at, 9; -e, 1; -é, 21; -ent, 29; -er, 22; -era, 5; -ere, 2; -eis, 1; -es, 2; -ez, 26; -i, 7; -ie, 23; -ifs, 2; -in, 2; -ion, 6; -ir, 15; -ire, 6; -is, 12; -ist, 4; -it, 8; -ité, 5; -iz, 1; -oï, 2; -oin, 1; -oir, 2; -om, 1; -on, 3; -ord, 1; -orra, 2; -ors, 2; -ort, 7; -un, 10; -ur, 9; -us, 2; -ut, 4; -eor, -ur, 1; -endre, -eindre, 2; and -eus, -ais, 1, an erroneous rhyme.

Gröber in his *Grundriss* tells us that the chief source for *De Passione Judas* is the Bible: "... scheinen die Evangelien benutzt zu sein."[6] This is undeniably true, and we give the appropriate passages of the Vulgate that were used: for verses 44-47 of *De Passione Judas*, Matthew XXVI: 26-28, Mark XV: 22-24, Luke XXII: 19-20; verses 56-59, Matthew XXVI: 21, Mark XIV; verses 64-67, Matthew XXVI: 23, Mark XIV: 20, John XIII: 26; verses 76-80, Matthew XXVI: 14-15, Mark XIV: 10, 43; verse 68, Matthew XXVI: 25; and verse 198, Matthew XX:16 and also XXII:14.

---

[5] Vising, *ibid.*, p. 82.
[6] *op. cit.*, p. 935.

Seignurs, pur Deu ça escutez, 1
Vos ki estez ci assemblez,
Coment fu traÿ nostre Seignur,
Ki del ciel est creatur,
Come entendent tut li plusur, 5
Come Judas, le felun,
Ki fud sun lige compaignun,
Coment il fist la traïsun
Ke de Deu ne put aver pardun.
E Barrabas ki fust larrun, 10
Si eschapa par rançun
Le jor de l'absolution,
Si.l vendi a dampnation.
Mes il ne gainat si mal nun
De Deu receut la maleiçun; 15
Kar nus reconte seint Brandan
Ki vit le travail e le haan
Ke Judas suffre, chaitifs,
Kar a mal lu est asis;
Car en un ydle sufre son torment. 20
Un petit drap devant li pent,
Les undes le ferent e le vent;
Mult sufre peine veraiment,
Un unde le freut de decea
E li aultres de dela. 25
Ne seet quel part il turnera
Ne coment il se defendera
Kar Deus le fist son despenser.
Son manger soleit achater,
E mult le soleit Deus honorer. 30
Dementiers k'il vout od li ester,
Od nostre Seignur mangat e but,
Kar sun servise mult li plut.
En sa compaignie le reçut
E od lui alat jur e nut. 35
Le jodi kant furent a la ceine asis
E la viande fud devant eus mis,
Judas mangat come fu apris,
E nostre Sire le garda el vis.

Jesus començat a parler 40
E ses deciples a doctriner;
Si les comanda a manger,
E ke eus ne dussent pas lesser:
"Seignurs," fet il, "mangez tuz communalment,
Kar je vus di verraiment 45
Ce est mun cors ke ci mangez
E mun sanc ke ci bevez."
Sun cors iloc tornat en pain,
Si le benesqui de sa seinte main,
E sun sanc turnat en vin. 50

Iceo devum nus creire en fin.
Si ceo creom verraiment,
Ja ne creindrom mortel torment.
Dunc reparlat le fiz Marie,
Si dist a sa compaignie: 55
"Par un de vus perderai la vie
E serrai mis en la bailie
Des Guis ki me heent a mort,
Mes ce sacez k'il unt grant tort."
Chescun des apostles se merveilat, 60
Chescun sur autre le cuidat.

Dampnedeu si reparlat,
A ses deciples redit ad:
"Ki mangue e boit od moi
E a ma escuele met sun doi, 65
Il me trarat pur voir,
Si me vendrat pur avoir."
"Dunc su ge iceo?" respunt Judas.
Jesus respunt ignelepas.
"Vos le dites," ceo dist Jesus. 70
A icest mot sailli Judas sus,
Plein out le quer de iniquité,
De son Seignur ne out nul pité.
As Geus est venuz ignelement,
Si lur ad dit tut sun talent: 75
"O vus seignurs, bone gent,
Ke me dorrez si ge le vos vent,

Le cors Jesu, le fiz Marie,
Ke tant vostre lei contralie?
Devant mie nut serrat en vostre bailie, 80
Il e trestute sa compaignie."
Trente deniers li ont doné.
Li felun lur ad ottrié, en apres lur ad afié.
Ahi, Deus, cum maint Geu fud dunkes lé.
Oez ore ke lur ad dit li glutun 85
Cum il se pensat de vile traïsun:
"Seignurs," fet il, "prenez celui par non
Ke ge beiserai, ceo iert pur veir le felon."
Oez queus enseignes Judas lor ad doné.
Vers le vespre od lui les ad amené. 90
Kant sunt venuz a liu ou fud nostre Seignur,
Judas les amenad ki fud traitur.

Judas avant sailli en cel estur,
A Deu dona ensigne de grant amur,
Nostre Sire salue, pus si l'ad beisé, 95
Ensigne donat de grant amisté;
Mes nostre Sire sout bien sa iniquité.

Pus respunt Jesu, "Ami, ki vus ad ci amené?"
Ore entendez del maveis
De cele traïsun ne orrez mes. 100
Ensigne li dona de pes; cil le traï sans reles.
Docement Deu li demanda:
"Ami, a quei venistes cea?"
Trichere ne larrun ne l'apela,
Ne vers lui nient ne secursa. 105
Les Geus le hasterent par les lez,
Ses mains lierent e ses piez,
Od eus l'ont amenez.
Li deciples furent cum home espontez,
Mult sunt dolent, mult sunt irez, 110
Pur lor Seignur ke perdu ont, mult sunt esmaez.
Les Gius od lur efors ont Jesu amenez,
En la garde Pilate si l'ont comandez.
E lendemain matin ne fust pas oblié,
Toz iceus del païs ont amené. 115

Icele nut suffri nostre Seignur grant passion :
En la face le ferent le mauveis garçon,
Li uns le fiert des verges, li autre del poin.
Ce suffri tu, nostre Sire, pur nostre redemption.
Mult furent dunc lé les seignurs del païs, 120
Mult se feseient baud ke eus aveient Jesu pris.
Tuz escrient ke il est digne de estre oscis
U pendu en croiz, ke il ne eschape vifs.
Mult soffri peine dunc nostre Sire
Plus ke ne pus ore contier ne dire. 125
Li felon Gieu erent plein de ire;
Males paroles li comencent a dire,
E cum eus comencerent le torment
Pur nul peché ke il avoit fet nel soffri nient,
Mes pur nus rechater de mortel torment 130
Del main al diable e de enfern pulent.
Tuz li descopirent, li grant e le petit,
A lui fere honte mult lur semble delit.
Ceo suffri nostre Sire pur emplir l'escrit
Ke les prophetes aveient devant cel ore dit. 135
Pus pristrent nostre Sire, par grant iniquité,
En la croiz le mistrent, ceo est la verité.
Li felon Geu n'urent de lui nul pité.
Mes tot le soffri nostre Sire de son eindegré.
Kant nostre Sire feust mis e encroiciz, 140
Li malveis Gieu le aveient iloc asis.
Tot le debatent les jeuenes e le veuz.
Iceo soffri li reis de parais.
De une lance le unt feru en ambe deus les lez.
Pus si.l referent en amdeus les piez, 145
Come ici devant esgarder poez.
Tot a mort le ont dampné cum oï le avez.
Nostre dame seinte Marie, ele vint plorant.
Sein Johan, le apostle, li alat devant.
Kant vit son fiz en la croiz, pité en out grant, 150
Mes ele ne li pout eider ne tant ne kant.
Nostre dame seinte Marie, kant ele ne li pout aider,
Ne pout plus fere, si començat a plurer.

Mult pitosement plura, nel fist pour deporter.
Sein Johan, l'apostle, la començat a conforter.   155
Kant nostre Sire vit sa mere iloc ester,
Il dist k'il fust son fiz, nel voleit pas denier,
E sein Johan la comanda a garder,
E il si fist li prodom a tut sun poer.
Totes iceos peines soffri Jesu Crist,   160
De nule chose ke l'em li fist riens ne contredit,
Nient plus ke fet li agnel kant l'em le ocist;
Nient ne combati encontre ne rien ne grundelist.
Kant Judas, li traitre, se purverti,
De sun eindegré a un laz se pendi.   165
Mes si il eust crié, "Merci," uncore avereit pardon,
A de ceo ke il avoit fet avereit remission.
Kar, seignurs, entendés bien ceo ke dirom:
Nos ne devum pas desesperer absolution.
Jesus, nostre Pere, ne vout pas la mort   170
Del chaitif pecheor se il li fet tort,
Mes il veut ke li pecheor vers li s'acord
E encontre le diable soit vigrus e fort,
Kar si li pecheres a lui veut venir,
Il est tut prest de recoillir.   175

Pur ceo deussum nos toz a lui convertir
E nostre culpe batre e noz pechez repentir.
Kar quicunkes vult a Deu pleisir e a sa eglise veut venir,
Mult li covient Deu servir
E lui honorer e obeïr   180
E ses preces sovent oïr
E en sun quer les retenir.
Kar ki out e ne veut aprendre
Ja ne ert pur ceo sa peine meindre,
Mes ceo sachez ke ert de greindre   185
Kant out e ne veut atendre.
Mes nus ki sumes en cest vie
Ki de vices est replenie
E ki sumes plein de envie,
De iniquité e de folie,   190
Si nus a Deu volum torner

E nos almes volum garder,
Mult nus covient laborer
En junes e en orer.
Icest devom mettre en respit, 195
Kar nus le veom en livere escrit,
E nostre Sire, Jesu, le dist:
"Mult sunt apelez e poi eslit."
Kar quicunkes vult a Deu venir
E ses pechez vult espenir 200
Il ne deit unkes cessir
Ne ne deit jamés finir
Ne par nut ne par jur
De requere sun sauveor,
Ki meint lasus en icele tur, 205
Ki del ciel est creatur,
Ke il eit merci de noz pechez
E de nos diverse volentez,
Ke nus avom fait, pus ke nos fumes nez,
E ke il nos defende del maufé, 210
Ke par lui ne seum encombré,
Ne par sun laz enlacé.
Kar quoy nos vaudra nostre richeté
E nostre grant noblece si nus perdun le riche regné
Ki el ciel est apresté? Nient nus vaudra en verité 215
Si nus sumes en enfer posé.
Seignurs, iceo bien entendez:
Ja ne vus guaranterunt les poestez
Ne les diverses dignetez
Ke en cest siecle ici avez, ke vus ne seez refusez, 220
E les poveres apelez as noces ou sunt toz enviez
Ki en cest siecle sunt criez.
Bone genz, iceo sachez de fi.
Ja n'averez richesces tant ici
Ne tant compaignie en vostre bailli, 225
Ke pur ceo seez gari si vus estes de Deu departi,
Ke vus ne seez en enfern huni
Al jor del tremblable jugement,
Kant vendrunt toz communement
Devant Deu omnipotent. 230

Nou n'i avera nul deportement
Ke il ne perisse finement,
Ki mal averat fet a sun escient,
Ja ne recovera de nient
Fors dreit le mortel torment. 235
Mes bien seet chascun home k'il morra
E ke il les biens estuera
Al moriant kanque il fet avera;
Mes pur nule rien ne se chastiera
Ne meillor vie ne menera. Pur kanque l'en li dira, 240
Kant veit chacun jor ke morra,
De ces ke il plus amera e ses parens e ses amis,
E les poveres e les poestifs, clers e lais genz de grant pris.
Pur ceo ne lerrunt de traire veir ne gris,
Mes nul n'i ad ki ne face folie, 245
Solunc la manere de sa vie.
Askuns sunt peri par glotunie,
Askuns sunt peri par lecherie,
Askuns, peri par puterie,
Askuns, par avoterie e par envie, 250
E par tolir, par trecherie;
Mes pur ceo se deit chescun purpenser
E meillore vie demener.
Kant seit bien ke encontre le mort
N'i averat guarant ne nul deport. 255
Le cors morrat veraiment,
L'alme ne morrat nient.
Solunc ce ke averat fet le cors
Recevra l'alme kant istera hors.
Si ele est perdue, en enfern irat, 260
Jamés d'iloc ne fuerat.
Si ele iert sauvée, si espenirat
Les pechés ki fet averat,
E inz un feu, ceo sachez, ke purgatorie est apelez.
En icel feu demurrat, jes ke espené averat 265
Kanque le cors averat fet par folie
E averat fet par sei en cest vie.
Pur ceo ke le cors ici nel vout fere,
L'alme suffra iloc mult grant guere.

Jesu, s'il est sun plasir, 270
Nus doint devant le morir,
Nos pechez si espenir
Ne nus pussum a luy venir
E ke il nos die bonement al jor de grant jugement:
"Venez avant, bone gent, 275
Beneit seez de Deu omnipotent.
Recevez le riche regné
Ke encontre vos est apresté,
Devant iceo ke le siecle fust estoré.
Pur ceo ke servi me avez a gré." 280
E iceo pusse nostre Sire
A nos trestuz communement dire:
"Amen, dites petis e granz,
Veuz, jouenes e anfanz." Amen. 284

SETH
Edited by
H. H. HILTON, JR.

SETH

Many versions of the history of the Holy-rood tree have been left to us in manuscripts of the Middle Ages. The Latin legend exists in fourteen manuscripts, dating from the thirteenth to the fifteenth centuries, and from this Latin legend translations and adaptations were made into most of the European languages.

Napier[1] shows that all the versions can be classified as, first, those deriving directly from the *Legend*, and second, those that belong to the Rood-tree group. While there are several minor incidents that occur in one group and not in the other, they differ principally in two respects: first, the Rood-tree group starts with the finding of the rods by Moses, whereas the Legend traces them back to Adam; second, in the Rood-tree group, when it is found impossible to use the holy beam in the completion of the temple, it is left therein, whereas in the Legend it is cast into a pool, and afterwards serves as a bridge which Sibylla, Queen of Sheba, refuses to cross. Meyer[2] was of the opinion that the members of the Rood-tree group then known to him, developed from the Legend, but Napier shows that the two groups are from a common source.

This particular poem of the Legend group, hitherto unpublished, is a transcription of a mid-13th century Anglo-Norman MS. at Cambridge University. The *Histoire littéraire de la France*[3] gives a short notice thereof:

> La légende de Seth, ou de l'arbre dont fut faite la Croix, a été contée, avec plus ou moins de détails, en plusieurs poèmes français. Mais nous ne connaissons qu'un poème dont elle soit l'unique objet. Ce poème en vers octosyllabiques, et composé vers le milieu du xiiie siècle, en Angleterre, est transcrit dans le MS. 66 de Corp. Chr. Coll., Cambridge, fol 221 v°.

At this time, because of the gradual divorce of Anglo-Norman from the French mother tongue, scribes were beginning to write with less observance of grammatical rules. In the *Seth*, for instance, we find more often than not no agreement between the past participle and the object or subject, as the case may be. Lines 450-451 contain: "Taunt sunt ... alé Ke sunt mult alassé"; 475: "la dame estoit venu"; 157: "tres greins (ils) ou(n)t posé"; 170-171: "les nuns ... sicum en escrit trové les ay".

---

[1] Arthur S. Napier, *History of the Holy Rood-tree* (London, Kegan Paul, Trench, Trübner and Company, for the Early English Text Society, 1894), pp. xxxv ff.

[2] Wilhelm Meyer, *Die Geschichte des Kreuzholzes von Christus* (München, Abhandlungen der königlichen bayerischen Akademie der Wissenschaften, 1881), p. 156.

[3] XXXIII, 375.

Anglo-Norman orthography had, as Pope points out,[4] a motley and unstable character. With the meeting of French, Latin, and English, it was inevitable that variants should be numerous. Tradition being weaker than on the continent, the changes in the spoken language were more freely transferred to writing. Our MS. offers the following typical points: 1. *aun* for *an* (*auns*, 53; *taunt*, 136; *sauns*, 105); 2. *uo* occasionally for *ue* (*quor*, 379); 3. *u* for *ue* (*flurs*, 97; *odurs*, 98). It might be mentioned that Menger[5], for one, while recognizing that this has always been regarded as a marked Anglo-Norman characteristic, regards it simply as the reduction of the diphthong *ue*, and not as a variant of the undiphthongized open *o*. 4. *u* for *o* and vice versa, with a frequent confusion (*jora* for *jura*, 35; *jur* for *jor*, 37). 5. *u* for *eu* or *ou* (*seynur*, 45), 6. Confusion of *u* and *ui* (*pus*, 78). 7. Confusion of *en* and *an* (*dedens*, 91). 8. *ou* for *o* (*out*, 205). 9. *ei* for *ai* (*seint*, 217). 10. *e* for *ai* (pes, 220).

The *Seth* is written in octosyllabic verses with rhymed couplets, the meter being adhered to fairly regularly. Following the evidence offered by the rhyme, we may conclude that the *s* when followed by *t* was beginning to weaken in the spoken language: *doreit* is rhymed with *requeist* (7-8); *aprochat* with *n'adesast* (41, 42); *dist* with *petit* (89, 90). The rhyming of *ey* and *oy*, *eit* and *oit* is of particular interest because of being a pure Frenchism, the *ei* having developed to *oi* on the continent about 1140, but never in Anglo-Norman: *aveit* is rhymed with *estoit* in lines 23 and 24 and again in lines 29 and 30; *crey* is rhymed with *moy* in lines 77 and 78; *tey* is rhymed with *moy* in lines 540 and 541. The rhyming of *om(m)* with *on* indicates the trend towards nasalization with the dropping of the *m* or *n* sound: *homm* is rhymed with *Salomon* in lines 330 and 331.

The MS. contains a moderate number of illuminated capitals, but none of the extreme ornamentation that was to come later. It is written in the Gothic "écriture minuscule... généralement assez grosse, tracée à main posée."[6]

When *s* or *t* come at the end of a line, they almost invariably have an upper stroke to the right which is long, tapering, and slightly curved. The *d* sometimes has an upper stroke to the left, particularly when it follows a capital letter, as in *Adam*. There is normally a slight *trait* above the *i*; the *y* is always dotted. Round *s* occurs in the final position; long *s* in the initial position and in the interior of words. *V* is written *u*; *w* is written double *u*. Round *r* occurs when it follows

---

[4] M. K. Pope, *From Latin to Modern French* (Manchester, England, University of Manchester Press, 1934), p. 420.

[5] L. E. Menger, *The Anglo-Norman Dialect* (New York, Macmillan, Columbia University Press, 1904), p. 72.

[6] Maurice Prou, *Manuel de paléographie latine et française* (Paris, A. Picard et fils, 1910), p. 210.

b, d, o, p. G consists of two *boucles fermées*, both above the line. Aside from the *g* we find no *boucles*, but rather the ascendants are forked, as in *b, h, l*, etc. *S* and *t* are usually joined, and if at the end of a line, slightly ornamented.

The MS. has no punctuation save a period at the end of each line. The beginning of each line is capitalized, but otherwise capitalization is used arbitrarily, being applied to proper names or not, quite without consistency. The capitals at the beginnings of lines are occasionally, as at the start of a paragraph, rather beautifully illuminated.

Apres ke Adam fu getez
De Paradys pur ses pechez,
Del inobedience k'il out trespasé,
Il cria merci a Dampnedé,
E nostre sire li promist 5
De totes choses k'il requist,
Ke le oyle de misericorde li doreit
E de plus si il le requeist;
Lors veint Adam e sa femme od ly
En le val de Ebron, si suffri 10
Maynt travail e meint sour
E meint ennoy e meint dolur
E maint contriciun de son quer,
E de plusurs choses comence a penser.
Illoc deus fiz engendra, 15
Kaym e Abel, e puis cessa.
Ices sacrifise feseyent
Solum la manere ke donc estoient:
Abel estoit dreitureles
En tuz poinz e de bons quers 20
E Kaym estoit contrarius
A fere le comandement Deus;
E kant Kaym veü aveit
Ke Deus meuz apaé estoit
Del sacrefise Abel son frere, 25
Si se trahist puis arere
E tel envie envers ly aveit
Ke sodeinement le occist;
E kant Adam veü aveit
Ke Abel occis estoit 30
Soveint dist: "Allas! Allas!
Ques dolurs e ques mals
Par femmes sunt avenuz
Ke unkore ne sunt pas seuz."
E sovent dist e jora 35

20: touz *poinsz* in MS.
22: *Ihc deus* in MS.
34: *seusz* in MS.

Ke sa femme ne conustra
De cel jur en avant,
Si se teint tut choyment:
En ceste manere fu Adam
Deus cenz auns en val de Ebron 40
Ke sa femme ne aprochat
Ne ke charnelement n'adesast.
Pus par l'anunciement de le seynt esprist
Vint le angle a Adam e dist:
"Nostre seynur vous comande 45
Ke vostre femme aprochez charnelment."
E il le commandement fist
E sa femme enfant conzut:
Un fiz aveit de sa mulier
E Seth le fist appeller. 50
Cist enfes crut e fu grant
A son pere fust mult obedient.
Nef cens e trente deus auns
Vesqui Adam en labur e en hauns
De sa vie mult ly ennoya; 55
Son fiz Seth donc apella:
"Bel fiz", dist il, "A Paradys irrés
Al angle cherubym dyrez
Ke a ly vous ay enveié
E de ma vie suy mult anuyé 60
Car longement ay vesqui
En dolur e en grant ennoy
E ke certeynement me maunde
(Car jo ne voil estre en braunde)
Del oyle de misericorde tot dreit 65
Ke nostre seingnur me promis aveit
Kaunt de Paradys me chaça
Pur le trespas que jo fiz la."
Seth respondi mult umblement:
"Sire, vostre comande fray benement, 70

38: *tout* in MS.
41: *aprothat* in MS.
59: *ayn* in MS.
69: *Sedth* in MS.

Mays chemin pas ne say,
Ne la veie coment irray."
"Beux fiz", dist il, "quant serez passé
Ben loinz hors de ceste valé
Un vert chemin si troverez, 75
Vers le orient vous tenez
Si verrez les pas de ta mere et de moy
Kar unkes pus, si cum jo crey,
Ke herbe ne crust, mes en flestri,
Pur le peché ke feymes aymdeus, 80
Kar le pecché fu si grant
Ke unkes puis ne crust tant ne quant."
Seth fist son commandement
E le chemin tint vers le orient
Deske il vint a Paradys 85
E parla od l'angle cherubins,
Tut le message luy cunta
De quant ke son pere ly chargea.
Ly angle respondi, a ly a dist:
"Beus ameys, suffers un petit. 90
Ici dedens primes esgardez
E prenez garde ke vous veëz."
Le valet dist, "Volunters le feray
Kant le congé ore en ay."
Le chef un petit mist avant 95
E garda vers le orient
E senty tantes flurs
E tantes diverses odurs,
E taunz duz chanz iluc oÿ
Ke del tut fu esbaÿ; 100
E pus avant esgarda
Dunt graunt merveil luy sembla:
Un arbre vit graunt e bel,
Unkes meis ne vit nul tel,
Saunz foile e sauns escorce estoit 105
E de ceo mult se mervoloit.

72: *He* in MS.
74: *loinsz* in MS.
91: *gardesz* in MS.

Des braunches out grauns e hauts,
Ke se estendirent de totes pars;
El somet del arbre ly fu a vis
K'il vist un emfauntz petis 110
E en drapels volupé fu,
Mes il ne savoyt ke ço fu.
Desuz le arbre une fontayne
Ke le ewe estoit freche e seingne;
Quatre fluives de ceo corruerent 115
En quarte parties le mund alerunt:
Le primers est apelé Gyon
E le secunde est Frison;
La terce Tygris est apelé;
E le quarte est Eufrate nomé. 120
Ices quatre fluives rendunt
Ewe duz a tut le mund.
Seth al aungle returna
Kaunt ke aveit veü ben ly conta
E ly pria ke ly diest 125
Ke signefie ço ke il veu aveit.
Le angle ly cuncta bonement
E de cel arbre nomeement
Ke de cel meimes vint la fruit
Dunt le dyables son pere desuit; 130
Pur le pecché ke il feseit
Tuz jurs puis flestri estoit,
E del enfant ensement
Ke Deo estoit onipotent
E ke le oile de misericorde ço estoit 135
Ke son pere taunt desiré aveit;
E autres choses plusurs li dist
Ke nous ne trouns pas escrist.
Al congé ke Seth demanda

107: *gauns e hauns* in MS.
111: *drapeles* in MS.
112: *se ço* in MS.
117: *Gysuon* in MS.
130: *Ke Dunt* in MS.
131: *Pul* in MS.
138: *ne ue* in MS.

Le angle trois greins li baila   140
E dist ke son pere morreit
Al terz jur ke a ly vendreit.
E quant seroit en tere,
Pur rien el mund ne fust oblie
K'en sa buche ne fussent mis   145
Ces treis greins, cum jo vus dis,
E de ces treis verges crestrunt
Dunt graunt ben apres vendrunt.
Seth ad pris son cungé
A son pere est tost repeiré: 150
Quant k'il vist a son pere conté a;
E sun pere une fiez ria
Ke unkes en tote sa vie ne rist
Ne unkes en sa vie joie ne fist.
E quant Adam fu morz   155
E enterer dusunt son cors
Tres greins desuz sa lange ount posé
Sicum le angle aveit comandé:
De ces greins treis verges cresserent,
E en poy de tens en un aune esteient   160
E en cel estat issi esturent,
Ke rien de lur verdur ne perdirent,
Deske al tens de Noé:
Ço est dreit mil ans nomé;
E de Noé mil ans deske Abraham   165
Esturent en la buche Adam;
E de Abraham mils ans apres
Deske a la venue Moyses,
Ke ne cresseient ne decresseient,
Mes en un estat se teneient.   170
Les nuns des verges vous diray
Sicum en escrit trové les ay:
Cedre la premere est apelé

144: *rein* in MS.
145: *fust fussent* in MS.
146: *S ces* in MS.
155: *morsz* in MS.
159: *treins* in MS.

Ke signifie le Pere en unité;
Le autre ciprés, cum en escrit trovum, 175
Ceo est le Fiz si cummes entendum;
E pin est le terz vrayment
Ke signifie le seint esperit onipotent.
Apres iceo issi avint
Ke Moyses la ley tint 180
Hor de Egypte si amena:
De pople Israelite condua
Parmi la ruge mer, ceo dist hum,
E tint la pople Pharaun.
E Pharaon e tote sa gent 185
Ne erent a gref torment
Pus Moyses le puple amena
El val de Ebron, là demora;
Dunc estoit le pople seyntefié;
Iloec ad Moyses le verges trové, 190
A grant devociun les honura,
De la buche Adam les sacha,
E quant les aveit sus trahit
Taunt de fleur i aveit
Ke tut le puple fu avis 195
Ke il furent en Paraÿs.
Dunc parla Moyses e dist:
"Ceo est figure del seint espirit."
Moyses des verges grant joie fist
E c'un seintetuarie les tint 200
En desert od ly les aporta
E sa gent od ly amena;
E quant akun estoit envenimé
Hu de autre mal trop grevé,
Quant les verges beysé out 205
Tost apres saunté reçut.
Karaunte treis ans iloc demora
Od la gent k'il amena.
Pus vint un angle a ly, si dist

177: *tres terz* in Ms.
178: *pere e fiz le senit esperit*
206: *Toist apres saunte resçut* in MS.

Ke pres de sa fin estoit. 210
Pus guers Moiess ne demora,
Al munt Synay si ala
E al pé del munt les verges planta
E sa fosse iloec aparilia.
Kant vint le terme ke morir dust 215
Leinz se cucha e issi murust;
Par le seint esprit saveit
Le jur e le terme k'il moreit.
Apres la mort Moyses
Esturent cels verges mil ans en pes, 220
Deske David le roy regna
En la tere de Judea.
Puis un angle a David nunciad
K'il en Arabye alad
E k'il les verges ke Adam plantat— 225
K'il en Jerusalem les portat;
E David pus s'en turna
E en Arabie tost ala;
Les verges iloec ad trové
Ke Moyses aveit plaunté. 230
Pus les prist e trencha suz;
Lors vint dunc un tel odurz
Ke tut baume resemblout.
Vers Jerusalem se est torné,
E grant joie ad demené 235
Od harpurs e od julurs
E od autres estrumens plusurs.
Ceus ke maladie aveient,
Dunc encuntre ly veneient
Od priere e od grant devociun, 240
Lor saunté reçurent chascun.
A seür les mist a grant honur
En un leu juste sa tur,

215: *ala vint* in MS.
216: *leinsz* in MS.
228: *toist* in MS.
233: No rhyming line; incomplete couplet.
241: *resçurent* in MS.

Si les fist garder de bone gent
Od grant lumere et bonement; 245
E quant David endormi fu
Vint un angle a celluy,
En un cisterne les planta,
E le matin quant David leva
Les trova illoec araciné, 250
Dunt il estoit mult enmerveilé;
Dunc sout David de veirs
Ke Deus les out mult chers.
Illukes trent anes esteient
E ensemble pus cresseient. 255
David sovent les visita le jur
Un cercle de argent mist entur
K'il puis a ches del an saver,
E la verité ben esprover,
Se rein par an cresseient 260
Hu un estat se teneient.
Al chef del an aperçust dunk
Ke escruz estoint gros e long.
David sovent se repenta,
De ses pecchez ly remembra, 265
Sovent a Dieu merci cria
K'il ses pecchez ly pardona.
Illoec fist un psaume par devociun
Ke **Miserere mei Deus** apelunz;
Pus apres fist le sauter 270
Ke nus chantuns a muster,
Pur nostre sire honurer
E pur nos pecchez amender.
Entur ces verges depeint fu
Les miracles ke furent avenu, 275
Ke l'em les puisse cunter
E la verité temonier.

245: *tote la noit et bonement* in MS.
246: *fust* in MS.
254: *esteirent* in MS.
256: *ius visita* in MS.
262: *aperscust* in MS.
264: *reperia* in MS. corrected by a later hand.

Pus David se porpensa
Ke un temple fere voudra
Ke a nostre seinur plust 280
E ke a son honur fust.
Maunder fist hovreurs
Mazuns, charpenters plusurs,
En le honur nostre seinur le commansa,
Kar de quor parfist le ama. 285
Nostre seinur pus le dist
K'il homicide estoit
E par ceo pas digne ne fu
De parfere le temple Jesu:
"Mes tun fiz, Salomon, 290
Le parfra en mun nun."
Par ces moz entendre a
K'il en bref terme mora.
David les baruns de la tere manda,
Si lur dist e commanda 295
K'il fuissent a Salomun obedient
E k'il feisent son commandement;
Ainz ke'l temple fust compli.
Si fust David enseveli.
Salomun le temple governa 300
Kaunt ke mestier fu lur trova.
A charpenters un paun faili
Dunt il aveient grant ennoy,
Kar par tut le païs cercherent
E rien a lur pleisir troverent, 305
E a tel arbre sunt dunc alée
Ke David aveit taunt auré
E par force le firent couper
E od eus a l'overanie porter;
E kaunt li aveient mesuré 310
E sur l'overaine ourent posée

279: *une* in MS.
298: *Ansz* in MS.
300: *Salaomun* in MS.
304: *scercherent* in MS.
311: *l'overaine* added over *cauple* in MS.

Si fu trop longe de un pée,
E de ceo furent mult grevé.
Dunkes aval le poserent
E de tant le escurcerunt, 315
Austre fez le mistrent amunt
De tant troverent trop curt le trunc;
Al terz fez mistrent grant cure,
Mes unkes ne'l troverent a mesure.
Pur le roy Salomon enveierent 320
E la merveile ly mustrerent.
Donc ad ly roys commaundé
K'il soit en honeste lu posée
E cum sanctuarie gardé
E un jur de l'an de pople honuré. 325
Pus par tut le païs cercherent
E un fust de mesure troverent
Si cum nous trovuns en escrit.
En quarante sis ans le temple parfist;
A grant honur cum sage homm 330
Regnat en Iudee Salomon.
Avint un jur ke le pople veneit
Al temple cum coustume estoit
Pur le lu e le arbre honurer
E la feste maintenir. 335
Vint une femme ke out a nun Maxilla;
Sist sur le arbre ke garde ne se dona,
Ses dras commencerent a arder
E ele a braire e a crier:
"Sire Jesu, de moy merci ayez 340
E de cete flambe me deliverez."
Kaunt les Jeus ceo oÿrent
A la femme tost tornerent
E deseient ke blasphemie dist
E par ceo dampné seroit. 345

315: *escurscerunt* in MS.
326: *scercherent* in MS.
330: *homme* in MS.
332: *veneist* in MS.
333: *constome* corrected to *coustume* in MS.
341: *deliveresz* in MS.

Hors del temple si la menerent
E vielement la lapiderent;
La premere martyr cele estoit
Ke pur Jesu mort suffri aveit.
Puis cel arbre vilement pristrent   350
En la piscine le geiterent;
En cel lu les morteles bestes geteient
Quant sacrifise fet aveient.
Mes Deus ne estoit pas de ceo paé,
Kar checun jur i ad enveié   355
Un angle pur l'ewe mover
E pur le lu seintefier,
E si nul homme de maladie est grevé
E primer en l'ewe est entré,
Apres ke l'angle soit departi   360
De sa maladie est tost gari.
Quant li Judeu ount aperceu
Ke tel miracle fist Jesu
Hors de la piscine l'unt trait
E un pund utre Sylcé unt fet,   365
K'est une ewe coraunte
Mult horible e bruaunte,
Hu la gent soleient passer,
Kar dunc poient saunz desturber.
Pur verité bien quideient   370
E pur vilté le feseient
Ke mes miracle ne avendreit
Ne pur seintuarie tenu seroit
Quant peccheurs passereient
E de lur pez vilement marchereient.   375
Issi longement demorra
Ke Sibilie la reigne vint la.
Ele estoit de grant saver
E Deu ama de parfist quor.

347: *lea* in MS.
348: *La e* in MS.
365: *En un pund entre* in MS.; *ntre* is added above
369: *saunsz* in MS.
372: *aveient ndreit* in MS.

Del sapience Salomon oÿ, 380
E grante honur parler de ly.
Estreitement purpensa
Coment od li parler pora;
Graunt desir aveit al quor
Pur ly ver e od ly parler. 385
Tost apres se aparaila,
Od sa gent en chemin entra;
Quant vint al pund e passer dust
Le tref en garda, si restuit.
De son cheval descent en aire; 390
Pus ses soulers fist trere
E nu pé l'ewe passa,
E al seint tref se genula
E devoutement se enclina
Cum cele ke Deu mult ama. 395
Pus est son cheval munté
E al rei Salomun est alé.
E kaunt eus ensemble vindrent
Grant conseil ensemble tindrent;
De plusurs choses unt parlé 400
Ke en escrit ne sunt pas trové.
Quant assez unt cunseilé,
La dame en son païs est retorné—
En cele manere fu le tref remis.

Deske nostre Seinur fu pris 405
Par les feluns Jeus a tort,
E jugé pus a la mort;
Dunke dist un Jeu par prophecie
Tens est ke jo vus die:
"Prenez cel tref ke la gist, 410
Kar ja ne le metez en respit,
Ke outre l'ewe gist de Silcé
Ke le pople tant aveit en cherté;
Sur cel tref le crucefiez
E ke ja n'i ert esparniez." 415
Issi le firent mult tost

398: *seus* in MS.

Kaunt fu jugé a la mort.
Le tref en deus si couperent
E de ço une croiz firent;
Sur cele aviz fu crucifié   420
Mains e pez de clous fiché
E d'espines agues coruné,
E issi cruelment tormenté—
(E Deus pur sa Passiun
De nos pechez nus doint remissiun,   425
E al drein si repentir
Ke la joie puisum servir
Par la sue seinte aÿe.
N'i eit nul ke amen ne die.)
En cel tens ke Herodes saveit   430
Ke Jesu Crist neez estoit,
Grant envie de ço aveit
Ke nul sur ly regnereit
Hu ke nul eust tel poer.
E por ço fist il sa gent mander—   435
Ke par tote tere allasent
E k'il son commandement feissent:
K'il occient tuz les enfauns
Ke fussent dedens de deus auns,
Par envie de celuy   440
Ke de la Virgine nasqui.
Un angle a Joseph apparuit,
Si luy dist k'il dust
Prendre Marie e son enfaunt,
E aler tot a celement   445
En Egypte e la demorir,
Ke Herodes nel pot apercever;
E il si fist meintenaunt
Quant aveit le comandement.
Taunt sunt de jur e de nuit alé   450
Ke sunt mult alassé.
Pus a une roche veneient

433: *ne regnereit* in MS.
438: *tos tuz* in MS.
448: *se si* in MS.

E pus iloec reposer dureint,
Taunt unt veu vermine
E taunz cruels bestes savagine: 455
Lesarz, serpens volauns,
Ke soleient occire les gens,
Lepars, tygres, e leuns,
Une srugne, unicors feluns,
Dunt mult espunté esteient 460
E grant hidur al quor aveient.
Jesu dunc se dresa
En le devaunt sa mere leva,
E les besttes kant l'ont veu,
A tere sunt tuz chau; 465
E de lur testes l'enclinerent
E pus arere s'en tornerent.
E taunt cum en Egypte fuierent,
Les bestes od eus alerent,
E a eus furent obeisaunt 470
A fere tot lur comaund.
Ilokes sunt taunt demoré
Dekes Herodes fu enteré.
Al ters jur issi fu,
Par ke la dame estoit venu 475
En Egypte a grant dolur
E en pensers e en tristur.
Un jur en chaud esté
Ke ele estoit mult elassé
Un pomer aperceu a; 480
Dunc suz le arbre se reposa
E taunt de frut i aveit
Ke grant merveile ly sembleit.
Dunc ele estoit mult desiruse

456: *Lesarsz* in MS.
452: *vindreint veneient* in MS.
459: *Un srugne* in MS. A later hand has respelled the word *srugnes* and put *une* for *un*.
462: *dressa* in MS.
478: *chaund* in MS.
480: *apersceu* in MS.
481: *sur* corrected to *suz* in MS.
482: *de taunt* in MS.

E del fruit mult coveituse, 485
A sei meimes dist sovent:
"Plust a Deu omnipotent
Ke de ceo fruict use a pleiser
Ke jo me puisse refreider."
E nostre Sire bien le saveit 490
Ke son pleisir seroit;
E dist al arbre, "Ne lessés
Ke al tere ne vus abessés,
Pur ma mere solacer
E de tun fruist conforter." 495
E le arbre a tere se enclina
Tost si cum il commanda;
La del fruist prist
E graces a Deu rendist.
Quant ele out pris a plenté 500
A son pleisir et a sa volonté,
Nostre sire al arbre dist,
"Leve tey sanz respist."
Le arbre se est pus levé,
Par la vertu Dampnedé. 505
Cest miracle vus ay dist
Tut en miracle, quant k'il fist,
E si est veray sermun,
E si ly plest par sa Passiun
De nos exces nous soint pardun 510
"Amen" tuz en dium.
Quant Herodes fu ensevelis
Nostre seynur esteit petiz,
Sovent od enfauns jua
Cum uncore custume a. 515
Issi avint k'il ala juer
E od les enfauns enveiser;
Sur une mesun munta,
Ses compaynuns a li apella,
E quant estoiunt muntez 520

510: *exsces* in MS.
516: *aveint* in MS.

Tuz les fiz a Judeus,
Cum il juerent, avint issi
Ke un de la mesun chaÿ
Tut mort estendu,
E quant les autres l'unt veu 525
Grant dol pur ly firent
Mais tretuz s'en alerent.
Jesu tut sul iloec remist
Unk mot ne lur dist.
Les parens al mort pus vindrent 530
De sa mort Jesu retterent
E Jesu lur ad respondu,
E dist ke par ly unk ne fu
Ne par li mort ne estoit,
Ne par li mal ne aveit. 535
Jesu al mort se torna,
De sa main la benefia
E par sun num le appella,
Si li dist e conjura,
"Symeon," dist il, "leve tey 540
E parlez ore od moy."
E il tost de mort leva,
E quaunt a ses amis parla
De sa mort nul reta
Mes par cas trebucha. 545
Quant ço vont veir les viés
Le miracle ke fist Jesu
Son num sovent loerent
E a ly tuz enclinerent.
E Deus nus doint issi loer 550
E son num magnifier
Ke nus puissum aver pardun
E de nos pecchez remissiun.
Amen. *Pater noster, Ave* dium.

524: *Tout* in MS.
528: *tout* in MS.
543: added by a later hand to MS.
546: *co vout* in MS.

www.ingramcontent.com/pod-product-compliance
Lightning Source LLC
Chambersburg PA
CBHW020422230426
43663CB00007BA/1281